MACHT FRAGEN!

Robert Zion
im Gespräch mit Pascal Beucker

MACHT FRAGEN!

Mit einem Anhang:
Europas politische Revolution

Schriften zur Kultur, Gesellschaft und Politik

Band 2

INHALT

Prolog   9

Das Gespräch

I.   Der Austritt   13
II.   Spektren   24
III.   Demokratie und Theater   34
IV.   Bewegungen   48
V.   Europa   59
VI.   Die Grünen   68
VII.   Mühen der Ebene   85
VII.   Klassenverhältnisse   92
IX.   Linke Formschwächen   99
X.   Realpolitik   109
XI.   NATO   115
XII.   Populismen, Medien – und Merkel   123
XIII.   Sanders   131

Anhang:
Europas politische Revolution   140
Anmerkungen   150
Über die Gesprächspartner   160

*„Es kommt nicht darauf an,
was man aus uns gemacht hat,
sondern darauf, was wir aus
dem machen, was man aus uns
gemacht hat."*
Jean-Paul Sartre

PROLOG

Maue Umfragewerte, schlechte Stimmung: Die Grünen taumeln im Bundestagswahljahr. Als sie Mitte Januar ihr Spitzenduo Katrin Göring-Eckardt und Cem Özdemir präsentierten, wurden sie von den Meinungsforschungsinstituten in der Sonntagsfrage noch auf bis zu 10 Prozent taxiert – was gemessen an ihren Ansprüchen bereits wenig war. Mittlerweile dümpeln sie zwischen 6,5 und 8 Prozent – so niedrig wie seit vielen Jahren nicht mehr. Es ist offenkundig: Die Partei hat ein Problem.

Es ist schon kurios: Eigentlich sind die Ausgangsvoraussetzungen geradezu hervorragend für einen Wahlerfolg einer sozialliberalen, proeuropäischen und grünen Partei, wie in den Niederlanden gerade erst GroenLinks und die D66 vorgemacht haben. Schließlich bedroht der europaweite Aufschwung des Rechtspopulismus und -extremismus ebenso wie die Präsidentschaft des rassistischen Nationalisten und Klimaleugners Donald Trump in den USA massiv alle weltoffenen, liberalen, ökologischen und auch sozialen Grundwerte. Auf der vermeintlich anderen Seite steht in der Bundesrepublik eine unerquickliche Große Koalition, die auf die rechte Gefahr mit einer anpasslerischen Abschottungs- und Abschiebungspolitik sowie dem Abbau von Bürgerrechten reagiert, die darüber hinaus ebenso die ökologische wie die soziale Frage sträflich Kapitalinteressen unterordnet und mit ihrer brachialen Austeritätspolitik die EU in eine tiefe Krise gestürzt hat. Bei solchen Alternativen wäre es sehr zu wünschen, wenn bei der Bundestagswahl im September eine Partei möglichst stark abschneidet, die glaubwürdig und konsequent für Grund- und Freiheitsrechte, für die europäische Idee, für friedliche Konfliktlösungen, für Geschlechtergerechtigkeit, für eine sozialere Gesellschaft und für Ökologie eintritt – also das exakte Gegenprogramm zu Trump, Le Pen, Strache, Wilders, Petry & Co. Leider sind die Grünen diese Partei nicht mehr. Das ist ihr Problem.

Robert Zion hat lange leidenschaftlich dafür gestritten. Inzwischen hat er es aufgegeben. Rund zehn Jahre ist es her, dass der heute 51-Jährige ins Blickfeld einer breiteren Öffentlichkeit geriet. Auf einem Sonderparteitag der Grünen im September 2007 in Göttingen schlug seine große Stunde. Damals erteilten die Delegierten mit deutlicher Mehrheit der Parteiführung eine Abfuhr und stimmten für einen von ihm engagiert begründeten Basisantrag gegen eine Verlängerung des Tornado-Einsatzes in Afghanistan. Ein sensationeller Überraschungscoup, der den bis dato weithin unbekannten Zion quasi über Nacht in die Schlagzeilen katapultierte. Der gelernte Koch und diplomierte Sozialpädagoge wurde zu einem kleinen Medienstar – und zum Hoffnungsträger der ermatteten Parteilinken. Nicht wenige glaubten, in dem seinerzeitigen Kreisschriftführer der Gelsenkirchener Grünen ein politisches Talent entdeckt zu haben, dem eine große politische Karriere bevorstünde. Es kam anders. Wahrscheinlich fehlte dem Intellektuellen einfach schlicht die Geschmeidigkeit, zum rechten Zeitpunkt sein Fähnchen in den Wind zu hängen.

Den Erfolg von Göttingen hat Zion nicht wiederholen können. Auch wenn er sich in den folgenden Jahren redlich mühte, bei den Grünen wieder ein Bewusstsein für ihre einstigen Fundamente zu schaffen: ökologisch, sozial, basisdemokratisch und gewaltfrei. Doch sein Versuch, jene schon lange geschleiften vier „Grundsäulen", die am Anfang der Partei die gemeinsame Basis bildeten, wieder aufzurichten, fand nicht die nötige Unterstützung – im Gegenteil. Von der unaufhaltbar scheinenden Rechtsentwicklung der Grünen frustriert, zog er im vergangenen Jahr die Konsequenz seines Scheiterns. In ihm stecke „jener Funke Anarchismus, der lange zu den Grünen gehörte", kommentierte René Pfister, der Leiter des *Spiegel*-Haupstadtbüros, Zions Ankündigung, die Partei zu verlassen. Vielleicht habe er „einfach erkannt, dass bei den Grünen für Freaks wie ihn kein Platz mehr ist".

Mitte August kündigte Robert Zion seinen Austritt aus den Grünen an, vollzogen hat er ihn allerdings erst Anfang Oktober 2016. Der Grund: Zion wollte nicht ohne ausführliche Begründung gehen. Vor der Versendung des formalen Abschiedsschreibens hatte er deshalb eigentlich erst noch „eine Reihe von Stellungnahmen und Artikeln verfassen" wollen. In ihnen sollte es um das gescheiterte Elitenprojekt, die strukturelle und personelle Entwicklung, den friedenspolitischen Niedergang und die bürgerlich-konservative Wende der Grünen gehen. Die *taz* bot ihm eine andere Möglichkeit an: ein ausführliches ganzseitiges Interview. Es erschien am 5. Oktober 2016.

Vorausgegangen war am 30. August ein nachmittägliches Treffen im Berliner *taz*-Café. Wir hatten ein Gespräch ohne zeitliche Begrenzung vereinbart. Es sollte so lange dauern, wie es „nötig und sinnvoll" ist, hatte ich Zion zugesagt. Und so war es dann auch. Allerdings anders als erwartet: Mehr als viereinhalb Stunden sprachen wir miteinander. Damit hatte ich nicht gerechnet. Ich erlebte Zion als einen interessanten und klugen Gesprächspartner. Sein Austritt ist ohne Zweifel ein Verlust für die Grünen. Als wir uns voneinander verabschiedeten, war bereits die Dunkelheit hereingebrochen.

So spannend das Gespräch auch war, das bisweilen den Charakter einer lebhaften Diskussion annahm: Es war für mich und die *taz* eine nicht ganz unkomplizierte Herausforderung. Denn auf eine *taz*-Seite passen rund 9.000 Zeichen, die Transkription des Interviews ergab aber etwa die zwanzigfache Zeichenmenge. In der taz konnte also nur ein kleiner, komprimierter Auszug erscheinen. Bedauerlich, aber unvermeidlich: Einige der angesprochenen Themenkomplexe mussten vollständig dem begrenzten Platz zum Opfer fallen. Als Ausweg aus diesem Dilemma hat Robert Zion vorgeschlagen, die vollständige Fassung in Buchform zu veröffentlichen. Dem habe ich zugestimmt. Das Ergebnis ist dieses kleine Büchlein. Der besseren Lesbarkeit zuliebe, haben wir unseren Dialog in eine strukturierte, lesbare Form gebracht und einen kleinen Anmerkungsapparat beigefügt.

Dass unser Gespräch immer wieder auf Machtfragen und damit auf die aktuell prekäre Situation der Linken, wo immer sie sich auch organisieren, in einem allgemeinen Rechtsruck von Gesellschaft und Politik zurückkam, ist sowohl Zion als auch mir im Nachhinein sehr klar geworden. Wir hoffen, mit der Behandlung dieser Machtfragen in den Grünen, in Parteien im Allgemeinen sowie in der politischen Debatte insbesondere der Linken zumindest einige Fragen aufgeworfen zu haben, auch wenn wir auf viele dieser Fragen vorerst selbst noch keine Antworten geben können.

Pascal Beucker
Im April 2017

I. DER AUSTRITT[1]

„Den Grünen geht es nur noch darum, das Bestehende zu verwalten."

Pascal Beucker: *Was hat dich dazu gebracht, aus den Grünen auszutreten?*

Robert Zion: Das war ein langer Entfremdungsprozess. Irgendwann weiß man dann halt, dass es sich nicht mehr lohnt. Über ein Jahrzehnt habe ich mit etlichen anderen in den Grünen versucht, Mehrheiten für eine progressive, emanzipatorische, sozialere und friedlichere Politik zu gewinnen. Inzwischen bin ich überzeugt davon, dass das unmöglich geworden ist. Damit jedoch wäre jeder weitere Kampf in der Partei eine Vergeudung von Energie, die für die Erringung linker gesellschaftlicher und politischer Mehrheiten jedoch so dringend nötig ist.

Was hat den Ausschlag für deine Entscheidung gegeben?

Mit dem Wahlerfolg der Grünen in Baden-Württemberg im März ist etwas ins Rutschen geraten, was sich nicht mehr aufhalten lässt. Ich sehe mich nicht mehr dazu in der Lage, den eingeschlagenen Weg der Partei in den liberal-konservativen Mainstream der Republik mit meinem Namen zu vertreten. Der „Point of no Return" zur Abänderung dieses Kurses ist personell, strukturell und in der faktisch verfolgten Politik jetzt endgültig überschritten.

Also ist Winfried Kretschmann schuld?

Nein, er ist nur die Personifizierung einer Entwicklung. Die Grünen sind ursprünglich angetreten, um diese Republik in einem emanzipatorischen Sinne zu verändern. Doch von diesem Anspruch ist so gut wie nichts mehr übriggeblieben. Sie haben verlernt, die Machtfrage zu stellen – und haben sich darin eingerichtet. Ihnen geht es nur noch darum, am Verwalten des Bestehenden beteiligt zu sein. Sie bieten nur noch die bessere, weil vermeintlich klügere Verwaltung im bestehenden kapitalistischen Rahmen an. Den Rahmen selbst können und wollen sie nicht mehr verändern, obwohl dieser unsere natürlichen Lebensgrundlagen und unseren sozialen Zusammenhalt immer noch nahezu ungebremst zerstört. Dabei haben uns Syriza in Griechenland, Podemos in Spanien, Jeremy Corbyn in Großbritannien und auch Bernie Sanders in den USA gezeigt, dass es möglich ist, die Menschen mit progressiven Ideen zu begeistern. Wir haben immer noch die Chance, tatsächlich gesellschaftliche und politische Mehrheiten erringen. Die Unterstützung, überhaupt allein schon das Begreifen der enormen Bedeutung dieser Versuche der Erneuerung der Demokratie auf Bewegungsbasis, tendiert beim Establishment der deutschen Grünen mittlerweile gegen Null.

Aber war dieser Anspruch der Grünen nicht schon abgeräumt, als du 2003 eingetreten bist – mitten in der Schröder-Ära, in der die Grünen eindrucksvoll demonstriert haben, dass sie zu allem bereit sind, solange sie nur mit am Kabinettstisch sitzen dürfen? Ich bin damals in den Kreisverband Gelsenkirchen eingetreten mit dem Gedanken: Das darf ja wohl nicht wahr sein! Den Kurs der rot-grünen Bundesregierung besonders in der Wirtschafts- und Sozialpolitik hielt ich für grundfalsch. Dagegen wollte ich etwas tun. Ich hatte tatsächlich der Vorstellung im Kopf: Wenn etwas schief läuft, muss man sich engagieren – und zwar in seinem Beritt, und der war für mich als Stammwähler immer grün. Ich bin ja kein Sozialist. Meine ideologische Grundüberzeugung war schon immer linksliberal. Außerdem war und ist für mich die Verbindung der sozialen mit der ökologischen Frage von zen-

traler Bedeutung. Den Erhalt der natürlichen Lebensgrundlagen
halte ich für eine politische Schlüsselfrage. Öko ist nicht einfach
etwas, was noch irgendwie dazukommt. Da hielt ich die Grünen
für das richtige Betätigungsfeld. Vielleicht waren meine Vorstellungen, was sich in dieser Partei bewegen lässt, illusionär. Aber
ich habe es halt versucht.

*Im vergangenen Jahr hast du dich sogar noch als Spitzenkandi-
dat der Grünen für die nächste Bundestagswahl angeboten.*
Das Angebot war ernst gemeint. Aber es gab keine Unterstützung
mehr von Leuten, von denen man einfach Unterstützung
braucht. Ich habe ja ein bisschen Erfahrung damit. Als ich 2007
mit Teilen der Basis den Sonderparteitag in Göttingen zum deutschen Afghanistaneinsatz durchgesetzt habe, waren viele Leute
als Mitinitiatoren oder Unterstützer dabei, die heute im Bundestag sitzen, Minister, Landesvorsitzende oder Fraktionsvorsitzende
in den Ländern sind. Das, was man Führungsreserve nennt, war
damals auf unserer Seite. Und jetzt, als ich meine Bereitschaft
zur Spitzenkandidatur erklärt habe, da war da nichts mehr.

Wie erklärst du dir das?
Da gibt es mehrere Erklärungen. Zunächst ist da die persönlich-
individuelle Ebene: Man darf ja nicht vergessen, dass die Grünen
weniger Mitglieder haben als Schalke 04. Eine Partei, die relativ
klein ist und die so viel mitregiert auf Kommunal- und vor allem
Landesebene, bei der entstehen Abhängigkeitsverhältnisse und
es greift irgendwann die Patronage zu stark, wenn es keine wir-
kungsvollen Gegenmechanismen gibt. Das war den Grünen in
ihren Anfangszeiten sehr bewusst. Deswegen beschlossen sie da-

mals so etwas wie die Rotation oder die Trennung von Amt und
Mandat. Doch inzwischen ist davon nichts mehr übriggeblieben.
Der Mensch folgt den Ressourcen – das ist im normalen Leben
so, das ist in einer Partei so. Autonome Kräfte, die gedanklich frei
in der Partei politisch arbeiten können, werden immer schwä-
cher. Da gibt es dann die Kosten-Nutzen-Abwägung: Ist es meinen Ambitionen zuträglich, jetzt nochmal mit einem zu gehen,
der schon wieder gegen die Parteinomenklatura antritt? Das ist
nicht unbedingt karriereförderlich. Politik wird stattdessen immer mehr als Beruf betrachtet, die Loyalitäten folgen nicht mehr
den Inhalten und Zielen, sondern den zu verteilenden Ressourcen. Aber es gibt noch eine weitere, grundsätzlichere Ebene: Was
ist die Perspektive der Linken in den Grünen? Sie sind völlig in
der Defensive. Fixiert auf das Mitregieren, beschränken sie sich
darauf, das schlimmste verhindern zu wollen – im Zweifel sogar
in einer Koalition mit der Union. Das Führungspersonal der Parteilinken hat nur noch eine Verhinderungsperspektive, aber keinen Veränderungsanspruch mehr. Das ist mir zu wenig. Und
deswegen war ich ein Störer.

*Könnte die fehlende Unterstützung nicht auch daran liegen,
dass der Kretschmann-Kurs schlicht der erfolgversprechendere ist?*
Woran bemisst sich Erfolg? Es gibt ein schönes Zitat von Willy
Brandt: „Es hat keinen Sinn, eine Mehrheit für die Sozialdemokraten zu erringen, wenn der Preis dafür ist, kein Sozialdemokrat
mehr zu sein." Was ist denn noch in einem fortschrittlichen
Sinne grün an der Regierungspolitik Kretschmanns? Er vollzieht
die Rückkehr der einst abtrünnigen Rebellen der Post-68er in
den Schoß des liberalkonservativen deutschen Bürgertums. Vom

maoistischen K-Grüppler hat er sich zu einem Repräsentanten
jenes traditionellen provinziell-konservativen Südwest-Libera-
lismus transformiert, für den die Welt am eigenen Vorgarten en-
det – da sind sich die ehemaligen Ökolibertären der Südwestgrü-
nen mit den US-Libertären sehr ähnlich. Die Freiheit, die diese
wie auch Kretschmann meinen, ist eine rein wirtschaftsliberale.
Also auch die von Heckler & Koch, Waffen in alle Welt zu liefern.
Förderung des deutschen Mittelstands nennt sich das dann.

Was hast du erwartet?

Ich habe von Kretschmann nichts anderes erwartet. Aber was
sich geändert hat: Inzwischen gibt es keinen ernstzunehmenden
Widerstand gegen seinen Kurs mehr. Es gibt hier und da noch
ein Grummeln, mehr aber nicht. Was die Grünen in Baden-Württemberg machen, erscheint vielmehr als Blaupause für den
Bund. Ich finde das erschreckend in Zeiten wie diesen, die ange-
sichts des Vormarschs der Rechten brandgefährlich sind. Wir erleben eine soziale Spaltung in der Gesellschaft, obwohl die Pro-
duktivität weiter wächst. Obwohl wir nach wie vor unheimlich
viel Reichtum generieren, öffnet sich die Verteilungsschere immer weiter. Man hat mittlerweile eine Schicht in der Gesellschaft, die ist einfach schlicht politisch, ökonomisch, sozial und
von der Bildung her abgehängt. Die wird immer größer. Das
heißt, die Gesellschaft polarisiert sich. In einer solchen Situation
muss man sich als bürgerliche Partei, die die Grünen soziokul-
turell von Anfang an waren, entscheiden: Will man ein Teil eines
Mitte-unten- oder eines Mitte-oben-Bündnisses sein? Verbündet
man sich mit dem, was man „Unten" nennt, also mit der breiten
Masse der Bevölkerung, und versucht einen sozial-ökologischen

Interessenausgleich zu schaffen? Oder verbündet man sich mit den Machteliten, geht also nicht mehr gegen Oligarchisierungstendenzen, gegen die soziale Spaltung der Gesellschaft, gegen die Remilitarisierung der Politik an? Ich befürchte, die Entscheidung ist bei den Grünen gefallen, und zwar zugunsten der falschen Seite.

Bist du ein Gescheiterter?

Ich war machtpolitisch nicht sehr erfolgreich, das stimmt. Auf der anderen Seite bin ich gleichwohl in diesen ganzen Jahren auch nicht einflusslos geblieben. Das beste Beispiel ist natürlich der Sonderparteitag in Göttingen, auf dem ich dazu beitragen konnte, den grünen Führungskadern in einer wichtigen, nämlich der friedenspolitischen Frage eine empfindliche Niederlage beschert zu haben. Plötzlich war ich die Symbolfigur der grünen Basis und des Widerstands gegen den Verrat der eigenen Ideale. Die große Aufmerksamkeit, die daraus entstanden ist, habe ich zu einem gewissen Maße nutzen können, um meine Ideen in die Partei einzubringen und dadurch auch die Diskussionen und die Programmarbeit zu beeinflussen.

Könnte es sein, dass du die Bedeutung des Programmatischen gegenüber der praktischen Politik überschätzt hast?

Tatsächlich habe ich erst mit der Zeit gelernt, wie die Grünen selbst als Programmpartei funktionieren. Es gibt ja diese Realo-Linke-Konstruktion. Als ich in die Partei eingetreten bin, wurde sie von Joschka Fischer auf der einen und Jürgen Trittin auf der anderen Seite repräsentiert. In diesem System hat Fischer die machtpolitischen Linien vorgegeben und Trittin das Programm bestimmt. Und dann hatte man am Ende immer die Konstellation: Die Realos haben die Macht und die Linken haben das Programm. Vielleicht habe ich zu spät begriffen, was das konkret bedeutet: Am Ende setzten sich die durch, die die Macht haben – egal, was im Programm steht. Das ist bis heute so, wie man an der Zustimmung von sechs Landesregierungen, an den die Grünen beteiligt sind, zum „Asylverfahrensbeschleunigungsgesetz" anschaulich sehen kann. Damit wurden die Roma mit Hilfe der Grünen nicht nur zu Asylbewerbern zweiter Klasse gemacht, sondern auch noch historisch betrachtet, zu Holocaust-Opfern zweiter Klasse. Die Roma werden heute in Baden-Württemberg nachts von der Polizei aus dem Schlaf geholt und nach Serbien oder Mazedonien gesammelt abgeschoben, wo ihre staatsbürgerlichen Rechte keineswegs garantiert sind. Das ist schlicht schäbig.

Was ist deine Perspektive?
Wie müssen erkennen, in welcher Situation wir uns befinden. Der Aufstieg der Rechten umfasst mittlerweile von den USA über Europa bis Russland nahezu den gesamten Raum der ehemaligen Systemkonkurrenz. Die sich selbst so nennende „Mitte" ist gegen diesen Aufstieg der Rechten nahezu wehrlos. Sie ist es deshalb, weil sie zwar vorgibt, offene Gesellschaften und die liberale Demokratie zu verteidigen, aber in ihrer konkreten Politik nur Marktverhältnisse ausweitet. Die Zukunft unserer liberalen Demokratien und offenen Gesellschaften entscheidet sich darum an der Verteilungsfrage und an der sozialen Frage. Gerade in Deutschland sollte man nie vergessen, dass der Machtergreifung durch die Nationalsozialisten die Austeritätspolitik Reichskanzler Brünings vorausging. Es gibt eine Hegemonie der angebotsori-

entierten Politik mit ihren Dogmen der Deregulierung, der Austerität und des Freihandels im Dienste der sogenannten „Globalisierung", also der internationalen Aufstellung des Kapitals. Diese Hegemonie führt mittlerweile zu einer politisch gewollten Zerstörung unserer sozialen Basis. Sie hat Regionen geschaffen, die vollständig abgehängt sind, wo es kaum noch Arbeit, soziale Infrastruktur und Lebenschancen gibt, in West Virginia genauso wie eben auch in Mecklenburg-Vorpommern. Die Gesamtlinke muss dieser demokratiegefährdenden Entwicklung etwas entgegensetzen. Es ist ganz einfach: Wenn rechte Parteien hochkommen, dann hat die Linke versagt in der Ansprache der Menschen, in der Vertretung derer, die sie eigentlich vertreten müsste.

Was heißt das konkret?
Wir müssen zunächst mit allen Mitteln einen Rückfall in die Furien des Nationalismus verhindern. Dafür braucht es eine Erneuerung der europäischen Idee von unten, eines Zusammenführens emanzipatorischer Bewegungen und Parteien von Griechenland bis Großbritannien, von Skandinavien bis Spanien über gemeinsame Ideen, Forderungen und Ziele: einen europäischen Bürgerverfassungskonvent, echte Gewaltenteilung in der EU, Bankentrennung, Ende der Austerität und Investitionen in die soziale Infrastruktur, in die Umwelt und in Bildung, eine europäische Arbeitslosenversicherung, ein Grundeinkommen für alle, einen europäischen Verbund erneuerbarer Energien, Abrüstungs- und Entspannungsinitiativen und noch einiges mehr.

Große Ziele. Fangen wir erst mal kleiner an: Wechselst du jetzt zur Linkspartei?

Nein, was soll ich da? Aus der einen Partei auszutreten, um dann in eine andere Partei einzutreten, wo du 50 Prozent der gleichen Probleme wieder findest, das wäre wirklich albern.

Es soll aber schon Angebote geben, wie man hört.
Sicherlich gibt es sympathische Menschen in der Linkspartei. Einzelne Personen kenne ich ganz gut und bin auch mit vielen in einem Austausch. Mit Katja Kipping teile ich beispielsweise die Forderung nach einem garantierten Grundeinkommen. Bei ihr bin ich mir auch sicher, dass sie einfach konkret möchte, dass es den Leuten, die sie vertritt, besser geht. Da hat sie sich in der Sozialpolitik immer für eingesetzt. Aber meine Hauptwahrnehmung ist doch zwiespältiger. Manchmal höre ich aus der Linkspartei auch so Verelendungstheorien: Es muss erst alles den Bach runtergehen, dann kommt die Revolution – bis dahin kannst du das eh alles vergessen und wir bleiben lieber in der Opposition. Das sind einfach Salon-Sozialisten, die haben sich ihre Theorien angeeignet und ausdiskutiert, ohne irgendeine Ahnung vom realen Leben zu haben. Und zum Schluss haben sie nicht mehr zu bieten als den traditionssozialistischen Standardsatz, Futur II: Wir werden schon immer Recht gehabt haben. Auf der anderen Seite gibt es dann „Reformer", die die Frage eventueller Regierungsbeteiligungen nicht nach inhaltlichen Kriterien beantworten, sondern für die das olympische Motto gilt: Dabeisein ist alles. Das kenne ich jedoch schon zur Genüge aus den Grünen.

Willst du eine eigene Partei gründen?
Mal ganz im Ernst: Noch eine Splittergruppe? Was sollte das bringen?

Du bleibst also parteilos?

Ich trete jetzt nicht in eine andere Partei ein. Das ist einfach nicht mehr der Rahmen, den ich für effektiv halte, um Politik so zu gestalten, wie ich mir das vorstelle. Ich bin aber überzeugt davon, dass sich viel politisch entwickeln wird – und vielleicht auch etwas ganz Neues. Es gibt plötzlich Dissidenten wie Yanis Varoufakis, die ganz ähnlich denken wie ich und europaweite Initiativen wie DiEM25 starten. Es gibt Intellektuelle wie Ulrike Guérot, die mich begeistern. Sie ist eigentlich eine klassische, bürgerliche Intellektuelle, aber sie ist so brillant und scharfsinnig, teilweise radikal. Es gibt interessante post-operaistische Ansätze, wie die von Antonio Negri und Michael Hardt, die in ihren Analysen wirklich bestechend sind. Es passiert schon was. Schauen wir doch nur einmal in die USA: Wer hätte gedacht, dass da plötzlich ein Bernie Sanders kommt und die Menschen begeistern und zusammenführen kann? Der wichtigste Satz seiner Kampagne war wohl: „Wenn wir zusammenstehen, dann gibt es nichts, was wir nicht erreichen können." Sanders hat etwas artikuliert, was noch nicht alle wirklich begriffen haben: die Identitätspolitiken der postmaterialistischen Linken sind machtpolitisch nicht viel mehr, als eine Übersetzung des neoliberalen Dogmas des „Jeder für sich", mit denen eine elitäre, reine Kulturlinke aber Macht- und Verteilungsfragen nicht mehr antastet. Und er benennt ganz klar die Forderungen sowie die politischen Gegner, gegen die es zusammenzustehen gilt: die Macht der Milliardäre, Konzerne, Hedgefonds, Banken und Oligarchen, die sich heute Medien, Wahlen, Justizsysteme, Parteien und schlussendlich politische Macht kaufen können.

„Heute sind die Grünen vollständig zur Fraktionspartei geworden.“

Du kritisierst die deutsche Linke, weil sie im Gegensatz zu Bernie Sanders die Machtfrage nicht stelle. Aber hinkt der Vergleich nicht? Sanders mag zwar die Machtfrage gestellt haben, aber er hat verloren.

Das glaube ich nicht. Man muss ja bedenken, was Sanders ausgelöst hat. Zum einen hat er sehr viel innerhalb der Entwicklung der US-Demokraten aufgedeckt. Es liegt zum Beispiel offen da, dass die US-Demokraten mittlerweile dieselben Methoden beim Wahlkampf gegen die eigenen Leute anwenden, wie sonst nur Karl Rove und die Republikaner gegen die Demokraten.[2] Dieses ewige Phänomen, dass man in den USA immer nur die Wahl des geringeren Übels hat, ist ja schon länger bekannt. Aber, dass es nun eine wirkliche Alternative hierzu gegeben hat, dass die Jugend dahintersteht – tatsächlich steht wirklich fast die gesamte Jugend hinter dieser Bewegung um Sanders -, das ist eine überraschende Botschaft. Ebenso, dass es eine alternative Medienlandschaft in den USA gibt, die mit unserer überhaupt nicht zu vergleichen ist. Sicher ist da auch viel Fragwürdiges dabei. Aber, ohne diese alternative Medienlandschaft, wie etwa The Young Turks[3], hätte er es nie so weit geschafft.

In Großbritannien ist Jeremy Corbyn ein ähnliches Phänomen. In einer klassischen, im weitesten Sinne sozialdemokratischen Massenpartei kann man die Idee der Massenmobilisierung tatsächlich wieder aufleben und konkret werden lassen, jedoch nur noch gegen das Establishment. Das ist es, was die beiden gemeinsam haben.

Das kannst du jedoch in Bezug auf die SPD total vergessen. So ist die politische Situation hier. Und die Grünen waren nie eine Massenpartei, sie waren diesbezüglich immer auf den strategischen Partner SPD angewiesen, insofern sie sich denn noch wirklich links definierten. Der Einzige, der nachgewiesen hat, wie man die Grünen breiter aufstellen kann, ist Winfried Kretschmann, das muss man ihm ja konzedieren, dies allerdings mit einer sehr strikten konservativ-bürgerlichen Aufstellung. Wenn man bedenkt, dass die Grünen bei der Landtagswahl in Baden-Württemberg die Hälfte der Direktmandate geholt haben – das muss man sich mal vorstellen!

Wenn du den Bezug zu Großbritannien mit der Labour Party, die ja auch eine große Partei ist, und den Demokraten in den USA herstellst, aber selbst nicht mal in der Lage bist, in den Grünen eine solche Aufbruchstimmung von unten gegen das Establishment zu organisieren, dann hast du doch ein Problem, oder?
Ja, da habe ich ein Problem. Auch dies habe ich erkannt. Normalerweise würde man sagen, wir haben nun mal nicht das radikaldemokratische Moment der Vorwahlen. Man stelle sich mal vor, man würde hier Frau Merkel und Herrn Gabriel vorschlagen, solche Vorwahlen wie in den USA durchzuführen und die Menschen bestimmen lassen, wer aufgestellt wird. Die würden auf die Barrikaden gehen: Bloß nicht! Dieses radikaldemokratisches Moment, das es in den USA gibt, das darf man nicht vergessen. Das ist der Hebel, den Sanders genutzt hat. Doch bei den Grünen kann man Masseneintritte vergessen. Es gibt so viele Menschen, die sich progressiv und nach vorne gerichtet verstehen, auch links, meinetwegen auch bürgerlich-linksliberal, aber die die Grünen hassen. Sie hassen die Grünen! Die Gründe sind höchst unterschiedlich. Jedenfalls habe noch nie soviel Widerstand, sei es aus dem Bauch oder einem vagen Gefühl heraus, er-

lebt, wie mittlerweile gegen diese Partei, das ist schon erstaunlich.

Einerseits gibt es bei Corbyn und Sanders sicherlich das mobilisierende Moment des Kampfes aus traditionellen Parteien heraus gegen das Establishment. Allerdings sind die politischen Bedingungen in Großbritannien und den USA alleine schon deswegen mit denen in der BRD nicht vergleichbar, weil es dort ein Mehrheits- und kein Verhältniswahlrecht gibt. Für Deutschland wäre doch der Blick nach Griechenland und Spanien plausibler. Podemos und Syriza haben sich erfolgreich gegen die traditionellen sozialdemokratischen Parteien organisiert – interessanterweise haben sich die dortigen Grünen übrigens an deren Wahlbündnissen beteiligt. Wenn dann aber die Perspektive der hiesigen linken Grünen immer nur die war, mit der SPD zu koalieren – du hast eben vom strategischen Partner gesprochen –, dann ist das eine sehr schwache Perspektive.
Das ist die, die da war.

Aber ob man mit der gegenwärtigen SPD-Führung koalieren will oder mit Merkel, da besteht doch kein gravierender qualitativer Unterschied.
Ich habe es vielleicht ein bisschen unpräzise ausgedrückt: Der strategische Partner war die Sozialdemokratie.

Aber die ist so in ihrer Führung, wie sie ist.
Wir haben ja mittlerweile gemerkt, dass das, was da mit Clinton, Schröder und Blair eingezogen ist, die sogenannte „Neue Mitte“, New Labour, „Dritter Weg“ oder wie es sich auch immer selbst

genannt hat, dass dies im Grunde genommen nur die Durchführung des neoliberalen Programms von sozialdemokratisch-grüner Seite gewesen ist. Keinen Satz habe ich so oft gehört wie den: „So was die Hartz-Gesetze hätte die CDU nie in der Regierung durchgesetzt". Ganz toll gemacht, Fischer! Die Folgen erleben wir jetzt. Wir erleben eine soziale Spaltung in der Gesellschaft. Das ist in den USA noch viel dramatischer als bei uns und geht bis in die Mittelschicht rein. Das heißt, unsere Gesellschaften polarisieren sich, der Zusammenhalt zerfällt. Und dies hat politische Gründe.

Um auf die Grünen zurückzukommen. Die Grünen hätten 2005 ganz einfach einen personellen Schnitt machen müssen. Man darf ja nicht vergessen, dass man jetzt mit Katrin Göring-Eckardt und Cem Özdemir Fraktions- und Parteivorsitzende hat, die bereits zwei zentrale Figuren für die Agenda 2010 in der Partei gewesen sind. Und es gibt von den beiden keine Reflexion darüber, was die Grünen damals mit angerichtet haben. Das kannst du vergessen.

Das, was du in den letzten Jahren in den Grünen gemacht hast, vermittelte bisweilen den Eindruck, da führe jemand eine etwas kurios wirkende Neuaufführung jenes Stücks auf, das der linke Flügel in den 80er Jahren in den Grünen gespielt hat. Die damaligen Auseinandersetzungen endeten mit dem Austritt des Großteils der Ökosozialisten in den Jahren 1989 und 1990. Du bist erst im Jahr 2003 eingetreten, also mitten in der Schröder-Ära. Da hatte die einstige Friedenspartei bereits nicht nur zugestimmt, dass zum ersten Mal seit dem Ende des NS-Regimes wieder deutsche Bomben auf Belgrad geworfen wurden, sondern auch noch dem Afghanistan-Krieg ihr Plazet gegeben. Die Agenda 2010 war bereits beschlossene Sache. Viele linke Grüne, die bis dahin noch auf bessere Zeiten gehofft hatten, wandten sich schaudernd ab. Aber du hast dich genau zu diesem Zeitpunkt den Grünen angeschlossen. War das nicht gnadenlos naiv?

Wie ich es bereits gesagt habe: Ich wollte mich als Stammwähler in meinem Beritt engagieren. Denn zunächst einmal waren die Grünen, die bis dato einzige erfolgreiche Parteineugründung in der Bundesrepublik, für mich natürlich die Umweltpartei. Ich habe ja auch immer Umweltpolitik gemacht. Zwar bin ich bundesweit durch meine Interventionen in der Außenpolitik und vielleicht noch durch meinen Einsatz für ein bedingungsloses Grundeinkommen bekannter geworden, aber in Gelsenkirchen, im Landtag oder im Landesvorstand habe ich immer Umweltpolitik gemacht.

Der Rest hat dich also damals nicht interessiert?

Selbstverständlich hat mich das interessiert! Die soziale Frage war für mich immer eine ganz wichtige. Ich bin ja jetzt kein Heimatschützer oder ähnliches. Ich bin damals zu Beginn der 2. Legislatur in der Regierung mit dem Gedanken in die Grünen eingetreten: Das darf doch wohl nicht wahr sein! Ich wollte etwas dagegen tun. Auch wenn es im Nachhinein etwas eigentümlich wirken mag: Außenpolitisch war ich hingegen noch gar nicht so versiert. Die deutschen Kriegseinsätze habe ich eher noch als politischer Konsument wahrgenommen. Das hat sich dann mit den Jahren deutlich verändert. Ansonsten habe ich mich jetzt nie als Parteisoldat verstanden. Als 2004 die Wahlalternative Arbeit und soziale Gerechtigkeit entstand, bin ich als Grüner zu den WASG-Versammlungen gegangen und habe zu den Leuten gesagt: Ja, organisiert euch, tut euch zusammen! Das ist das Einzige, was richtig ist! Dann kamen irgendwann die ganzen altlinken Sektierer mit ihren angelernten Polittechniken hinzu – und dann war es vorbei für diese Leute. Ich bin, wie gesagt, kein Sozialist. Sanders ist übrigens auch kein Sozialist. Er ist ein Roosevelt-Demokrat.

Stimmt, aber er nennt sich selbst demokratischer Sozialist.
Ich habe übrigens nichts gegen sozialistische Parteien. Solange man die Grundkonstellation der Demokratie akzeptiert, solange sie sich auch abwählen lassen, um es mal relativ deutlich zu sagen. Denn im Hintergrund der sozialistischen Tradition steht ja auch der Gedanke der Volksherrschaft. „Diktatur des Proletariats", das kommt nicht von ungefähr. Aber solange sie Koalitionen eingehen und sich nicht nur wählen, sondern auch abwählen lassen, habe ich kein Problem mit Sozialisten. Kapitalist bin ich sowieso nicht. Wenn ich jemandem sagen müsste, was meine ideologische Grundüberzeugung ist, würde ich sagen, die war schon immer linksliberal, mehr oder weniger. Ich bin ein großer Anhänger des viel zu früh verstorbenen Karl-Hermann Flach. Der frühere FDP-Generalsekretär war ja in manchen Kreisen so eine Art Kultbuch-Autor in den 70ern. Das ist alles nicht besonders spektakulär.

Du hast ja sogar mal ein eigenes Manifest für die Grünen geschrieben, welches selbst optisch Bezug auf Flachs legendäre Streitschrift „Noch eine Chance für die Liberalen" von 1971 genommen hat[4]. *Bei dir hieß das dann 2013 „Noch eine Chance für die Grünen". War das nicht ein bisschen aus der Zeit gefallen?*
Ich wollte aufrütteln und eine andere Perspektive aufzeigen. Es ging mir um ein Potential, das ich nicht aufgeben wollte: Wenn

man mit den Menschen redet, so sind sie bis heute der Überzeugung, dass es die Grünen mit der Umweltpolitik wirklich ernst meinen. Daran hat sich auch nichts geändert, nur weil inzwischen andere Parteien begaupten, sie machen nun ebenfalls Umweltpolitik. Die Grünen stellen die Gattungsfrage. Das heißt, sie sagen, dass es den Bach runtergeht, wenn in der Politik nicht grundsätzlich umgesteuert wird. Dass dies jedoch mit der sozialen Frage nicht auseinanderzuhalten ist, ist leider etwas, was mittlerweile auch im Mainstream der Partei vergessen wurde. Heute setzt man fast nur noch auf Technologie. Ralf Fücks, der Vorsitzende der Heinrich-Böll-Stiftung, spricht vom Ökokapitalismus. Das ist zwar absurd, ist aber so geworden.

Der Göttinger Parteitag 2007 hat dir eine große öffentliche Aufmerksamkeit beschert. Aber welche Wirkung hattest du danach innerhalb der Grünen?

Es waren ein paar Einflüsse an Ideen über die Schienen, die sich viele vielleicht als Idealvorstellung einer Partei imaginieren – über Debatten, Programmfindung und so weiter, auch über ein bestimmtes analytisches Vermögen. Das war in Ordnung. Es war ein gewisser Einfluss auf viele Leute, was ich auch jetzt an den Rückmeldungen merke, nachdem ich meinen Austritt bekanntgegeben habe. Einige Reaktionen waren schon teilweise unverschämt, andere aber auch sehr schmeichelhaft. Aber das ändert nichts an den Mechanismen, nach denen die Grünen inzwischen funktionieren. Die Karrierenetzwerke und die Patronage wirken destruktiv. Das gilt ebenso für das Phänomen. dass man in eine Art Schaufensterdemokratie eintritt, sobald man eine gewisse Höhe in der Parteihierachie erreicht hat. Da ist dann alles nur auf die Medien ausgerichtet. Es wird ein Spiel mit den Medien betrieben, das dann beiderseitig abläuft. Das ist in dieser Partei mittlerweile exakt genauso wie in den anderen Parteien, auch wenn es einer der Gründungsimpulse der Grünen gewesen ist, es strukturell anders zu machen.

Das darf man nie vergessen. Das, was damals Anti-Parteien-Partei genannt wurde, ging ja teilweise auf ganz alte Einsichten zurück, etwa auf die „Soziologie des Parteiwesens", ein Klassiker der politischen Literatur, der damals viele beeinflusst hat, in dem die „oligarchischen Tendenzen des Gruppenlebens" festgestellt und untersucht werden.[5] Und die Grünen waren sich dessen anfangs sehr bewusst. Es wurden ja deshalb eine ganze Reihe Mechanismen eingebaut, nicht weil sie sagten, sie seien die besseren Menschen, sondern weil sie genau wussten, wie Menschen in Parteien funktionieren. Also Rotation, Trennung von Amt und Mandat. Da war ja ein Konzept dahinter – und eine bestimmte gesellschaftliche Bewegung, aus der das alles eingeflossen ist. Auch daran ist man gescheitert.

Heute sind die Grünen vollständig zur Fraktionspartei geworden. Die Fraktionen bestimmen, was für eine Politik gemacht wird.[6] Und in den Fraktionen dürfen die einzelnen Abgeordneten jenseits der Fraktionsführung nur Fachpolitik machen. Die Grünen haben unheimlich viele Fachpolitiker. Das heißt, der übergreifende, generalpolitische Blick über bestimmte gesellschaftliche Entwicklungslinien, über Machtfragen in der Gesellschaft und so weiter, der bleibt einigen Wenigen vorbehalten. Und die beantworten diese mittlerweile genau so, wie es gewünscht ist. *Da muss ich doch nochmal nachkarten: Das, was du da beschreibst, ist schon zum Zeitpunkt deines Eintritts abgeschlossen*

Das mag sein, aber ich habe es halt nochmal versucht. Und meine Mitgliedschaft in den Grünen war auch kein „Missverständnis".[7] Ich war damals nicht so, wie ich heute bin. Ich habe Lern- und Erkenntnisprozesse mitgemacht und mich entsprechend politisch entwickelt in der Partei. Ich würde heute zum Beispiel nicht mehr sagen, dass es in der Politik um Ideale geht. Es ging und geht auch bei den Grünen nur sehr bedingt um Ideale. Die Vorstellung, sie seien einmal mit hohen wie hehren Idealen angetreten, die sie dann verraten haben, die ist mir zu einfach. Man muss sehr realistisch sein in der Politik. Es geht immer um Interessen, immer um Macht. Das ist seit Menschengedenken so. Dabei ist die Demokratie meiner Ansicht nach eine sehr zivilisierte Form, die Machtfrage zu behandeln. Der Kapitalismus ist hingegen eine ganz schlechte. Ich glaube übrigens, die Grünen waren am Anfang tatsächlich realistischer als mancher denkt, als sie diese Strukturen der innerparteilichen Machtkontrolle eingeführt haben. Sie wussten genau, dass guter Willer alleine nicht reicht. Ihnen hat dann leider die Kraft gefehlt, das auch durchzuhalten. Der subjektive Faktor und die Seilschaften waren stärker.

„Sobald die informellen Strukturen überhand nehmen, passiert alles in Hinterzimmern."

Siehst du in dem gegenwärtigen Zustand der Grünen nur ein Symptom eines allgemeineren Problems?

Man vergisst immer, dass Demokratie auch bedeutet, Konflikte in formalen Strukturen auszuhandeln. Diese formalen Strukturen sind sehr wichtig, weil ja ihr Sinn ist, für alle gleiche Bedingungen zu schaffen. Sobald die informellen Strukturen überhand nehmen, passiert alles in Hinterzimmern und in Netzwerken, im Geklüngel. Dagegen hat man letztlich keine Chance. Nehmen die informellen Strukturen überhand, dann werden die formellen zu einer Art Theater, das man nach außen hin aufführt. Diesen Theatercharakter der Parteiendemokratie, kennen wir gut, wir wissen ja wie Parteitage der Union ablaufen. Da passiert nichts, das weiß jeder. Und bei den Grünen weiß man es mittlerweile auch: Da passiert nichts mehr. Die Berichterstattung über die letzte Bundesdelegiertenkonferenz war da symptomatisch, in der es hieß: Bitte mehr streiten!

Aber warst du da nicht auch machtpolitisch zu naiv? Ich war 2008 auf dem Landesparteitag, wo du versucht hast, auf die Liste für den Bundestag zu kommen. Da hast du viel Applaus bekommen. Aber gewählt haben sie dann doch andere.

Ja, genau. Das war bei mir ein wiederkehrendes Phänomen. Auf dem Landesparteitag 2014, auf dem ich aus dem Landesvorstand abgewählt wurde, habe ich einen Antrag über grüne Industriepolitik in Nordrhein-Westfalen eingebracht. Das ist ein äußerst wichtiges Thema, weil NRW das größte Industrieland in Deutschland ist. Den Antrag habe ich Monate mit dem grün-geführten Landesumweltministerium, mit der Partei, mit den Arbeitsgemeinschaften, mit der Fraktion verhandelt. Er wurde dann einstimmig verabschiedet. Trotzdem bin ich abgewählt worden. Der Arbeitsnachweis ist also egal.

Aber das erklärt noch nicht, warum du es nicht geschafft hast, die Leute nicht nur dazu zu bringen, dir auf Parteitagen zuzujubeln, sondern dich auch zu wählen.

Es ist nicht so, dass sich Leute bewerben, eine Rede halten und dann sagen die Delegierten: Der oder die war toll, den oder die wähle ich jetzt. Das ist vorher alles ausgeklüngelt. Die ersten Plätze sowieso. Die sogenannten Flügelmullahs, Petra Kelly hat sie immer so genannt[8], die klüngeln das aus. In NRW ist das zum Beispiel so, dass das vorher noch in den Bezirksverbänden ausgeklüngelt ist. In diesen gibt es mittlerweile sogar fast schon die pflichtbedingte Zusammenlegung von Amt und Mandat. Die Bezirksvorstände, das sind nämlich Leute aus den Fraktionen und den Parteivorständen, die sehen sich dann vorher schon sehr genau an, wer welche Chancen haben soll. Es wird ausgeklüngelt und anschließend auf den Listenplätzen sortiert.

Bei der SPD und bei der Union ist es ein bisschen anders, weil da noch viele Direktmandate gewonnen werden. Da sind dann nur die obersten Plätze solche Klüngelplätze. Bei den kleinen Parteien, die in der Regel kaum oder keine Direktmandate bekommen, wird das alles innerhalb der Parteinomenklatura, von den Flügelmullahs besprochen. Ich will ihr nichts unterstellen, gehe aber davon aus, dass es bei der Linkspartei ähnlich läuft.

Kandidaturen zu besprechen, ist a priori noch nichts Verkehrtes.
Aber das heißt dann zum Beispiel, dass da ein Realo-Flügelmullah zum Linken-Flügelmullah kommt und sagt: Wenn du deine

Person A haben willst, dann wollen wir aber, dass der Soundso auf keinen Fall auf Platz Soundso kommt. So läuft das, das wird dann verdealt. Und das heißt, wenn man dann innerhalb eines Flügels nicht genug Parteisoldaten hinter sich hat, muss man sich auf diese Deals eben einlassen, um zumindest seine Spitzenleute durchzukriegen. So sind dann manche Spitzenleute der Parteilinken sehr lange dabei. Ich glaube, ich habe mich verständlich ausgedrückt.

Nun warst du eine längere Zeit Sprecher der sogenannten Basislinken. Die sind ein Teil des linken Flügels. Der hat außerdem noch eine „gemäßigte" Abteilung, das sind die „Regierungslinken", die im Gegensatz zu den Basislinken gerade in Nordrhein-Westfalen machtpolitisch stets ziemlich erfolgreich waren. Das liegt nicht zuletzt an einer Absurdität: Mir ist aufgefallen, dass es auf Listenaufstellungsparteitagen immer wieder den Fall gab, dass ein Regierungslinker gegen einen Realo stand und dann die Stimmen der Basislinken den Ausschlag gaben. Kein einziges Mal habt ihr Euch verweigert. Anstatt also zu sagen: Regierungslinke, wir können auch anders, habt Ihr immer diese Leute mitgewählt, obwohl die Euch im Gegenzug mit schöner Regelmäßigkeit haben durchfallen lassen – dich zum Beispiel. Die innerlinke Solidarität war stets nur eine Einbahnstraße. Ich habe das nicht verstanden.

Ja, das stimmt. Wir waren vielleicht nicht hart genug an manchen Stellen. Das kann sein. Aber in der Tat war es oft so, dass man dann gesagt hat: Lieber den nochmal als irgendwie den Realo. Das ist ja auch dieses perfide Spiel, wenn man keine wirkliche Wahl hat. Das ist ja jetzt in den USA zwischen Trump und

Clinton genau so. Da weiß jeder, Trump geht gar nicht. Sogar ich würde, wenn ich da in etwa in New Mexiko wählen könnte, mein Kreuzchen bei Clinton machen. Also ich würde mir wahrscheinlich vorher voll die Kante geben und mir dann sagen: okay, noch einmal, das letzte Mal. Aber ich weiß ganz genau, dass das eigentlich falsch ist. Und ich weiß auch, warum das falsch ist. Und wie es dazu gekommen ist. Das wissen wir alle. Man konnte es wissen, wenn man es genau beobachtet hat.

Nun kann kann man die Realos in den Grünen nicht unbedingt mit Trump vergleichen. Von daher leuchtet es noch nicht so ganz ein, dass du die Regierungslinken immer wieder mitgewählt hast, obwohl die nicht bereit waren, auch dich mitzunehmen. Möglicherweise ist das so eine linke Eigenart. Warum habe ich die einfach nicht gewählt? Man hat ein bisschen Scheu davor. Dann heißt es immer: Wir können doch die Linke nicht spalten! Das ist das Hauptargument. Oh, wie oft habe ich mir das anhören müssen. Was soll man machen?

Vielleicht machtpolitisch cleverer sein?
Am Ende kommt es drauf an, wie viele Truppen man hinter sich hat. Und für alle, die noch in der Partei für linke, progressive Vorstellungen von Politik kämpfen, vor denen ich auch sehr viel Respekt habe, kann ich nur sagen: Das kostet unheimlich viel Kraft, so etwas zu organisieren. Das ist eine Sache der Ressourcen. Für Göttingen musste man 40 Kreisverbände zu Beschlüssen bringen. Man musste viel herum reisen, musste viel Überzeugungsarbeit leisten. Gegen viel Widerstand, der in Parteien sehr heftig sein kann, der nicht selten sehr persönlich wird. Das

kostet wirklich Kraft. Und dann stellt man irgendwann fest, dass die Ressourcen einfach nicht mehr ausreichen. Das ist auch ein Grund, warum ich jetzt sage, es geht nicht mehr.

Das klingt ziemlich frustriert.
Ich habe ja jetzt über fünf Jahre eine Doppelbelastung gehabt mit meiner Arbeit im Landtag als Büroleiter und mit dem, was ich bundespolitisch mache. Dann die ganze Ukraine-Krise, wo ich ja sehr viel interveniert habe. Das mache ich nicht einfach, weil ich da nur meine Meinung sagen will. Ich setze mich dann hin und beschäftige mich mit der Geschichte Russlands. Das ist Arbeit. Und dann hatte ich über zwei Jahre eine Dreifachbelastung, als ich dem Landesvorstand angehörte, für den ich, wie gesagt, auch Verhandlungsprozesse gemacht und wirklich gearbeitet habe. Das haben dort auch nicht alle gemacht. Und irgendwann bist du halt am Ende, wenn du nur noch als Ideendienstleister für nichts für Leute arbeiten sollst, von denen du nichts zurück erhältst. Noch nicht mal vom eigenen linken Flügel. Dann ist es halt irgendwann auch einmal vorbei.

Du hast also die mangelnde Solidarität nicht mehr ausgehalten?
Dieser Mangel an Solidarität innerhalb von linken Zusammenhängen, das ist etwas, das erschreckt. Das soll es ja auch in der Linkspartei geben. An dem Punkt bin ich wahrscheinlich dann doch irgendwie von meiner Grundeinstellung her Sozialdemokrat: Ich halte zu meinen eigenen Leuten. Ich habe nicht diese im Grunde bürgerliche, links-elitäre Grundeinstellung, die zwar von Solidarität redet, aber letztlich pseudosolidarisch ist, bei der es letzten Endes nur um den eigenen Narzissmus oder die eigene

Person geht. Fischer ist ja so ein klassischer links-bürgerlicher Politiker geworden. Oder Cohn-Bendit. Einerseits sagen sie von sich, sie seien Linke, und sie verstehen sich auch so –auch wenn das jetzt nicht gerade dem entspricht, was sie politisch gemacht haben. Aber die können sich wahrscheinlich gar nicht vorstellen, was es meint, wenn jemand wie Sanders oder Corbyn an das „Together!" appelliert und dies auch noch wirklich so meint. Dass mich das anspricht, kommt vielleicht daher, dass ich aus einfachen Verhältnissen stamme, und nicht diesen klassischen Weg – Abitur, Hochschule, Grüne Jugend, Bundestag – hinter mir habe. Das sind mittlerweile die Standardkarrieren. Die Grünen waren zwar immer schon eine bürgerliche Partei, aber ursprünglich auch mal eine, die noch einen anderen Anspruch hatte. Das ist heute anders.

Ist das ein Grund für die Schwäche der Linken in den Grünen?
Man darf vieles sein in dieser Partei, man darf auf gar keinen Fall mehr zu links sein. Das muss man auch vielen Leuten mittlerweile so deutlich sagen, die sich da jetzt noch Illusionen machen. Der Weg ist vorgezeichnet. Er steht mittlerweile jeden Tag in der Presse mit entsprechenden Protagonisten wie Kretschmann, Göring-Eckardt und deren linken Sidekicks oder auch dem „netten" Robert Habeck. Der Weg, den sich so viele bei der _FAZ_ gewünscht haben, dass das deutsche Bürgertum wieder zusammenfindet, der ist mittlerweile abgeschlossen. Es ist nur noch die Frage, ob sich dafür auch Regierungsmehrheiten finden. Wenn es eine schwarz-grüne Mehrheit geben sollte, würden die Grünen es machen. Da wette ich alles, was ich habe, und noch einen ruinösen Kredit oben drauf.

Es wäre unsinnig, daran zu zweifeln. Das bedeutet auf der anderen Seite: Was es nicht geben wird, ist Rot-Rot-Grün. Das weiß übrigens auch Jürgen Trittin. Deswegen sollte er der in der Öffentlichkeit hier auch nichts vorspielen. Das ist Theater. Was ich hingegen bei Bernie Sanders gedacht habe: Verdammte Scheiße, so geht das! Teilweise habe ich bei seinen Reden eine Gänsehaut bekommen.

Du musst die Menschen ansprechen und du musst eine gewisse Authentizität haben, das ist klar. Grüne und SPD haben diese Authentizität nicht. Da ist Sanders sicherlich privilegiert mit seinem politischen Werdegang, das weiß ich auch. Aber er hat die Interessen der Menschen vertreten. Und er hat sie nicht in dieser rechtspopulistischen Art angesprochen, sondern in einer wirklich sehr humanen Art. Sanders hat den Menschen nichts vorgespielt, sondern war eben authentisch.

Während der Vorwahlen in Kalifornien, nachdem er bei Obama war, ist er vor das Weiße Haus getreten und hat Millionen Amerikanern gesagt, er möchte nicht, dass dieses Land in die Oligarchie driftet. Sanders hat es ausgesprochen. Das war einer der entscheidenden Unterschiede gegenüber Hilary Clinton. Er konnte das nur machen, weil er die Menschen hinter sich hatte.

Es gibt also doch einen Hebel in unseren modernen Massengesellschaften, der kann greifen. Auch wenn es in Großbritannien und den USA mit diesen Zweiparteiensystemen offensichtlich anders ist als bei uns oder in Europa, wo alles viel komplizierter ist. Das ist klar. Aber es gibt einen Hebel, mit dem kann man das Abrutschen unserer Gesellschaften nach Rechts verhindern. Das war etwas, was ich bei Sanders gelernt habe. Das geht eben nicht mit dieser Theatervorstellung von Demokratie, die uns Trittin da vorgaukelt, indem er sagt, man könnte ja auch Rot-Rot-Grün machen. Alle wissen, dass das nicht geschehen wird. Und selbst, wenn sich die drei Parteien einigen würden, was bestimmte Kräfte in jeder dieser Parteien ohnehin nicht wollen – allein darum wird es das nicht geben –, hätte man doch nicht nur das politische Establishment gegen sich, sondern auch noch beinahe die gesamte veröffentlichte Meinung in Deutschland.

Davon ist auszugehen. Das ist in Spanien in Bezug auf Podemos und in Griechenland auf Syriza ja auch so, dass sich die geballte Medienmacht gegen sie gewendet hat.

Das ist die zweite Frage: Wie kann man das in Europa machen oder wie transferieren wir das, was in diesen Zweiparteiensystemen unter bestimmten Konstellationen in Großbritannien und den USA ja funktioniert. Man wird Corbyn nicht kleinkriegen, weil er einfach zu viel Masse in der Partei hinter sich hat. Das ist im ursprünglichen Wortsinn tatsächlich: Sozialdemokratie. Hatte man ja vergessen, was das ist: die Interessen der Menschen vertreten, klare Forderungen stellen, den politischen Gegner auch als solchen zu benennen und dies dann auch noch so zu machen, dass es die Menschen einem abnehmen. Es gibt diese wunderbaren, unglaublichen Sätze von Sanders, die vermeintlich so schlicht sind, die aber greifen und umschreiben, was wir alle tun müssten: „When we stand together…" – wenn wir zusammenstehen.

Aber das, was sich seit New Labour, der „Neuen Mitte" und ihren grünen Kombattanten da eingeschlichen hat, dieses technokratische Denken, dass man vielleicht noch Identitätspolitiken für Minderheiten macht, aber sich ansonsten mit der Wall Street – wie es Obama ja auch gemacht hat – arrangiert, das funktioniert nicht mehr. Das nehmen die Leute nicht mehr an, weil es für sie in ihrem Leben nicht mehr funktioniert.

Aber müsste es dann in Deutschland nicht tatsächlich eher in Richtung Podemos oder Syriza gehen?
Ja, linke Sammelbewegungen.

Bemerkenswert, dass du trotzdem immer auf Sanders und Corbyn kommst, anstatt auf Pablo Iglesias oder Alexis Tsipras. Die könntest du doch genauso nehmen.
Sanders und Corbyn haben mich einfach überzeugt mit dem, was sie sagen und was sie machen.

Sanders wäre in der Bundesrepublik bestimmt nicht in der SPD, zumindest nicht in dieser SPD. Dass er sich den Demokraten angeschlossen hat, liegt ja an der besonderen Konstellation in den USA, die dazu zwingt, dass du dich auf eine der beiden großen Parteien beziehen musst, um was zu erreichen. Deswegen hat er, der ja lange unabhängig war, die Demokratische Partei für seine Kampagne genutzt. Aber diese Situation hast du in Deutschland und Europa nicht.
Die Verhältnisse sind anders. Man darf nie vergessen, Großbritannien und die USA sind als Demokratien viel, viel älter als das, was wir in großen Teilen Europas haben. Wann wurde die Bill of Rights nach der englischen Revolution geschrieben? Oder wie lange kämpfen die Amerikaner schon ihren ewigen Kampf zwischen der besitzenden Klasse und ihren radikaldemokratischen

Vorstellungen, die sie wirklich haben? Die wählen ja sogar Richter und Polizeichefs. Vielleicht ist es so, dass ich da etwas sehe, was bei uns irgendwann auch noch kommen wird. Das ist so eine Eigenart von mir, dass ich Dinge immer so ein wenig nach vorne hin wahrnehme.

Wobei beide Systeme natürlich auch große Haken haben, zuvorderst das Mehrheitswahlrecht. Da kannst du dann eine breitgetragene Kampagne wie die von Sanders haben, die bei vielen große Akzeptanz findet, aber im Kongress so gut wie keinen Fürsprecher hat. In Großbritannien kann dir genau dasselbe passieren.

Aber das ist ja jetzt nichts, was gegen Sanders oder Corbyn spricht. Sie haben innerhalb ihres Rahmens einen Modus gefunden, der plötzlich etwas ausgelöst hat. Oder hättest du das gedacht?

Nein, in beiden Fällen hätte ich das nicht gedacht.

Die Frage ist doch: Was passiert da gerade? Diese Massenphänomene gibt es ja überall. Der ganze Rechtsruck. Die Leute sind unzufrieden mit dem politischen System. Dummerweise war die Linke mal wieder so verschlafen und hat sich alle Themen wegnehmen lassen. Die Begriffe besetzen jetzt die anderen. „Lügenpresse", „Systemparteien", dieser ganze Müll. Dann der verschwörungstheoretische Kram. Aber in Wirklichkeit greift die Rechte etwas auf, was sozusagen in der Gesellschaft schwelt. Und wir artikulieren das nicht. Wir können das nicht gar nicht mehr artikulieren. Können wir denn artikulieren, wie die Berichterstattung zum Beispiel über die Ukraine-Krise abgelaufen ist? Da

wurde dann wahrgenommen, nachdem man in der „Tagesschau"
die Kämpfer mit Hakenkreuzen auf dem Helm gesehen hatte,
dass dies unkommentiert blieb und dich die „Tagesschau"-Spre-
cherin hiernach wieder angelächelt hat: Nächstes Thema. Die
Menschen merken doch, dass das, was gerade geschieht, schon
eine krisenhafte Situation der Demokratie ist. Dass die Globalisierung dabei offensichtlich für alles herhalten muss. Und sie
glauben, dass bestimmte fundamentale Interessen, die sie haben, nicht mehr vertreten werden oder vertreten werden können – und ich sage, dass es tatsächlich auch so ist. Aber warum
findet die Linke darauf keine Antwort, die die Menschen anspricht? Warum finden wir keine Begriffe dafür? Das ist doch
seltsam. Wer keine Begriffe hat, der kann die Welt auch nicht begreifen – und die Linke hat keine Begriffe mehr.

*Aber gerade dann müsstest du doch tatsächlich stärker, nach
Südeuropa schauen, anstatt auf die USA, wo du zwar einerseits
Sanders hast, aber andererseits eben auch die mächtigere
Trump-Bewegung. Demgegenüber gibt es hingegen erstaunli-
cherweise bislang weder in Griechenland noch in Spanien oder
Portugal einen mengenmäßig nennenswerten Rechtspopulis-
mus, der sich mit dem in Frankreich, Österreich oder auch in
Deutschland vergleichen ließe. In Südeuropa stehen die Anti-
Establishment-Bewegungen links. Das zeigt, dass es einer eman-
zipatorischen Linken möglich ist, Menschen zu gewinnen.*
Wenn solche rechten Parteien wie der Front National, die FPÖ
oder die AfD hochkommen, dann hat die Linke versagt in der Ansprache der Menschen, in der Vertretung derer, die sie eigentlich
vertreten müssten. Ich finde Antonio Negri und Michael Hardt

in ihren Analysen wirklich bestechend. Die beiden haben beispielsweise schon in „Empire" im Jahr 2000 geschrieben, dass es um den Kampf der Generationen gegen die Korruption geht.[9] Warum redet niemand über Korruption bei uns in Deutschland? Ich finde das komisch. Wir wissen, dass überall dort, wo sich viel Geld sammelt, die gouvernementalen Systeme korruptionsanfällig werden. Überall erfahren wir davon. Aber bei uns wird das nicht skandalisiert. Da fehlt wohl auch teilweise ein wenig der Mut dazu. Wir wissen es von VW, wir wissen es von Siemens' Geschäften in Afrika oder auch in Griechenland, dass dies ziemliche Ausmaße annehmen kann. Mit Geld kaufst du dir alles. Hardt und Negri haben das – etwas theoretisierend und dramatisierend vielleicht – „Empire" genannt. Aber diese Struktur, die findest du in Saudi-Arabien ebenso wie in der EU und bei den US-Demokraten. Wenn die Verteilungsverhältnisse so sind wie sie sind, ist das eine logische Folge.

Als die *Süddeutsche* die Panama-Papers veröffentlicht hat, hat sie sich darüber aufgeregt, dass auch der ukrainische Präsident Petro Poroschenko mehrere Briefkastengesellschaft gründen ließ, um sein Geld vor dem Fiskus zu verstecken. Aber dann schrieb sie: Das ist doch unser Oligarch! Fand ich eine tolle Formulierung: Der ist doch auf unserer Seite! Und dass dann Trump und Clinton dieselbe Briefkasten-Adresse im Steuerparadies Delaware haben, das ist auch so ein Zeichen dafür. Das heißt, das, was Bernie Sanders immer wieder betont hat, das gibt es tatsächlich: Es gibt ein politisches Gegenüber. Es gibt den Gegner. Für Sanders ist es die korrupte Parteienfinanzierung, die Drift in die Oligarchie. Ja, glaubt denn irgendjemand, dass das in Europa anders ist?

Nehmen wir nur die Isolation und dann die Aushebelung der griechischen Demokratie. Das war eine demokratisch gewählte Regierung, mit der wir da so umgegangen sind. Glaubt denn irgendjemand, dass das nicht auch im Interesse der deutschen und französischen Banken geschehen ist, die einfach ihr Geld zurückhaben wollten? Zu sehr waren diese in Griechenland involviert, und sie waren „too big to fail", um nicht gerettet zu werden – und zwar auf Kosten der griechischen Bevölkerung. Natürlich ist das eine Machtstruktur, ein Kommando.

Sanders hat dies in den USA benannt – und er ist dafür noch nicht einmal erschossen worden. Interessant. Jemand hat mal zu mir gesagt: Den kannst du nicht erschießen, der ist im Internet. Das ist heute anders als früher. Das fand ich einen sehr interessanten Gedanken. Es gibt einen Wandel der Öffentlichkeit, die gesamte digitale Revolution bedeutet ja viel mehr als nur Modernisierung der Wirtschaft. Es bedeutet tatsächlich, dass sich die gesamte politische Kultur verändert, dass Machtfragen zunehmend öffentlich verhandelt werden. In den USA ist es mittlerweile definitiv so, dass weder CNN noch Fox News mehr bestimmen, wo es langgeht. Diese Zeiten sind dort vorbei.

IV. BEWEGUNGEN

„Massenwirksamkeit und Authentizität, diese beiden Punkte sind entscheidend."

Irgendwie habe ich immer noch nicht verstanden, warum du gerade jetzt aus den Grünen ausgetreten bist.

Es war das, worüber wir die ganze Zeit geredet haben. Ich habe etwas gelernt von dem alten Mann aus Vermont.

Du meinst deinen ganz persönlichen „Sanders-Effekt"?

So kann man das nennen. Das ist etwas, was einem passieren kann: Man kämpft ja immer für seine Sache, wenn man politisch tätig ist. Auch für eine bestimmte Vorstellung von Politik. Manchmal übersieht man dabei einfach Dinge, die man plötzlich sieht. Einige Gedanken und bestimmte Entwicklungen habe ich dargelegt, etwa wie die parteiinterne Entwicklung verlaufen ist, wie man mit innerparteilichen Kritikern umgeht. Aber geschenkt, das wusste ich alles schon länger. Doch dann diesen Moment der Bewegung wahrgenommen zu haben, für die ich ja auch ein wenig Wahlkampf gemacht habe, war unheimlich wichtig. Sehr schnell habe ich ein paar politische Freunde in Wyoming und New Mexiko und ihre Ansichten kennen gelernt.

Aber nur aus der Ferne, oder?

Nur aus der Ferne. Aber im digitalen Zeitalter funktioniert dies erstaunlich gut. Es hat seine Grenzen, aber es geht. Solch Wahlkampfhilfe haben übrigens noch sehr viele andere gemacht, von denen ich auch einige kennengelernt habe. Etwa Leute, die sich in Berlin getroffen und dort Phone-Banking gemacht haben. In der ganzen Welt haben Menschen für Bernie Sanders telefoniert. Ich habe einfach verstanden, dass das etwas anderes als unsere herkömmliche Politikvorstellung ist. Man braucht eine andere Aufstellung, man braucht Massenwirksamkeit und eine gewisse

Authentizität. Es war ein Moment der Erfahrung der globalen Multitude[10], von der Hardt und Negri sprechen.

Massenwirksamkeit und Authentizität, diese beiden Punkte sind entscheidend. Das kannst du bei den Grünen vergessen. Die Grünen brauchen tatsächlich immer massenwirksame Partner. Und was die Authentizität betrifft, na ja, das habe ich ja bereits angedeutet. Ich wüsste jetzt gar nicht, ob überhaupt noch jemand den Grünen Authentizität zuschreibt. Dieser Moment, das habe ich ja dem *Spiegel* auch so gesagt, als ich meine Bewerbung für die Spitzenkandidatur zurückgezogen habe[11], führte zu solchen Überlegungen, dass ich meine Kräfte, meine Ressourcen, meine paar Talente, die ich habe, besser woanders einsetze.

Und wo soll das sein?
Das werden wir sehen. Du hast ja jetzt auch schon Podemos genannt oder das, was generell in Südeuropa geschieht. In diese Richtung auch in Deutschland zu denken, ist eine Option. Es gibt viele Optionen.

Werden wir sehen? Hast du dir gerade das Hintertürchen für die Linkspartei offen gehalten?
Ich weiß es nicht. Vielleicht ist es ja so, und das ist jetzt eine zeitlich sehr übergreifende Überlegung, dass wir nur eine Übergangsgeneration sind. Ich meine all das, was sich seit '68 bis heute in der parteipolitischen Linken in Europa integriert hat. Auf die Grünen bezogen heißt das: Man hat seinen Weg gemacht. Das haben ja viele schon vorhergesagt, es scheint auch logisch.

Was meinst du?

Von links unten nach rechts oben, von der Bewegung in die Institutionen rein, selbst zu den Institutionen geworden. Also tatsächlich Staatsverwaltungspartei geworden, mit einem meritokratischen, technokratischen Ansatz in fast allen Politikbereichen. Aber das war nun mal der Weg einer Generation.

Findest du das etwa zwangsläufig, dass man von links unten nach rechts oben muss?
Nein.

Das klang gerade bei dir so, als würdest du das für einen naturgegebenen Weg halten.
Nein, das ist nur der Weg, der für einen bestimmten Teil des Bürgertums charakteristisch ist. Die Deutsche Demokratische Partei ist in der Weimarer Republik einen ähnlichen Weg gegangen.[12] Die fing auch an im linken Spektrum mit Friedrich Naumann ...

Naumann und links?
Ich meine natürlich nicht seine Positionen zum Kolonialismus und nicht diesen Nationalfimmel, den damals alle mehr oder weniger hatten. Aber lese mal Naumann zur Arbeiterfrage![13] Auf jeden Fall landete die DDP am Schluss ...

... als „Deutsche Staatspartei" bei der Zustimmung zum Ermächtigungsgesetz Hitlers.
Ja, leider. Aber sie war eben zu Beginn eine bürgerlich-linksliberale Partei, die ein ähnliches Elektorat hatte wie die Grünen. Vielleicht ist das so in der bürgerlichen Gesellschaft. Ich möchte jetzt nicht so traditionslinks klingen, weil ich weiß, dass auch

diese Ideologie ihre Schwächen hat, aber vielleicht ist der Anpassungsdruck tatsächlich so stark, dass er sich gegen Versuche, systemverändernd innerhalb des Systems zu wirken, immer durchsetzt.

Es gab in irgendeinem dieser Facebook-Kommentare zu deiner Ankündigung einen sehr kryptischen Eintrag von Ex-Grünen, der irgendwas von einer Parteineugründung angedeutet hat.
Ja, diese Überlegungen gibt es.

Von oder mit dir?
Nein, ich halte nichts von einer Linksabspaltung der Grünen, das wäre nicht sehr erfolgversprechend. Das wirft man mir auch immer vor, dass ich das nie gemacht oder versucht habe. Aber was soll das bringen? Das ist nicht das Problem, das wir alle haben. Das Problem ist, dass wir eine gewisse Öffentlichkeitswirksamkeit, eine gewisse Organisationsform brauchen, mit der wir auf die politischen Umwälzungen, auf die Vertrauensverluste in die Parteien und die Demokratie eine Antwort finden. Auch auf die Machtverhältnisse. Und das auch noch europäisch, das kommt erschwerend hinzu. Da sind wir uns ja einig, dass das nicht mehr national zu lösen ist. Da bin ich auch nicht auf der Seite von Wagenknecht und ihren noch nicht mal mehr erratischen Andeutungen. Die werden ja immer deutlicher. Und bei Lafontaine sowieso. Das ist es nicht. Das darf nicht unsere Zukunft sein. Ich kann ihre Argumentation zwar nachvollziehen. Alle wissen, dass der Sozialstaat in den Nationalstaaten entstanden ist. Aber deswegen kann man doch nicht für Rückkehr zum Nationalismus in Europa sein. Nein danke, ohne mich. Und zwar in keiner Weise.

Es bleibt das große Problem, wie man die, die ähnlich denken, jenseits einer neuen Partei zusammenbringen kann.

Es braucht eine Organisationsform, die professionell ist, aber nicht gleich wieder diese Parteienform mit den üblichen Mechanismen annimmt. Aber da entwickelt sich auch schon etwas. Es ist doch so, dass diese neuen Bewegungsformen überall aufflammen, nicht nur in den USA rund um Sanders. So hat der arabische Frühling ganz unterschiedliche Aspekte, zu denen auch der gehört, das es eben ein Aufstand von unten war, mit Smartphones. Plötzlich hat sich da über neue Kommunikationsstrukturen ein Wir herausgebildet, das weder in diesen autoritären Gesellschaften noch bei ihren ausländischen Unterstützern so vorhersehbar war.

Vom arabischen Frühling ist nicht viel Positives übriggeblieben.
Ich würde die Fragestellung hier kleiner machen. Ich glaube, man muss in Deutschland etwas finden, was diese fatale Situation zu verdeutlichen und zu überwinden versucht, dass die Mehrheit der Deutschen immer noch die Gewinner dieser falschen Aufstellung in Europa ist. Dass dies eine Struktur ist, die am Ende alle verlieren lässt und die überwunden werden muss.

Wenn du über neue Organisationszusammenhänge nachdenkst: Wie willst du die Fehler vermeiden, an denen die Piraten krepiert sind? Die haben auch versucht, andere Formen der politischen Arbeit auszuprobieren. Das war ja sehr spannend, ist aber ziemlich schnell ins Individualistische, Destruktive und Irre abgedreht.
Die Piraten waren ein Versuch, bestimmten Zeitphänomenen

entgegenzusteuern. Gleichzeitig wurden sie aber ein Opfer genau dieser Zeitphänomene. Diese extreme Individualisierung unserer Gesellschaften, die nimmt ja teilweise absurde Züge an. Also Hartz IV zum Beispiel ist eigentlich ein Universalsystem, das aber jedem Einzelnen sagt: Selber schuld! Das ist absurd. Doch das ist mittlerweile vollständig in der DNA der Gesellschaft und der Politik und auch bei Ökonomen und Sozialwissenschaftlern so drin. Und die Piraten sind dem zum Opfer gefallen. Diese extreme Individualisierung und das folglich alles nur noch Meinungsdemokratie ist. Man tauscht Meinungen aus.

Vor allem schafften es die Piraten nicht, eigentlich sehr interessante neue Formen der Kommunikation und der Meinungsbildung vor individueller Destruktivität abzusichern, die sich bei ihnen sogar noch potenzierte. Die Selbstzerstörungskräfte, die diese Partei an den Tag gelegt hat, waren schon beeindruckend. Es ist genau das, was ich vorhin mit den informellen statt formellen Strukturen benannt habe. Es gibt auch rein technische Fragen und Regularien des Umgangs, die wichtig sind. Dass man sich zum Beispiel in einem demokratischen Diskussionsprozess auf ein Programm verständigt und dann sagt: Das ist es jetzt aber auch erst einmal. Kommunikation muss Strukturen beinhalten, verpflichtende, bindende Strukturen. Das ist wichtig, weil sich sonst immer die Anarchisten oder die Karrieristen durchsetzen, je nachdem in welcher Konstellation man gerade ist. Man muss in politischen Strukturen auch die Schwächeren schützen. Man muss auch diejenigen, die stark sind, ein bisschen kanalisieren können. Das ist alles wichtig. Die Piraten haben zu sehr auf Technologie vertraut, glaube ich, und zu wenig auf formale politische Prozesse gesetzt. Man kann nicht alles umwerfen. Man sollte mittlerweile vieles reformieren, das glaube ich schon. Die Grünen standen ja auch einmal dafür. Aber bestimmte Dinge sind seit Shakespeare immer die gleichen.

Das ist interessant. Wer sich ein bisschen mit Politik beschäftigt, liest vielleicht mal römische Geschichte, liest vielleicht Machiavelli oder eben auch Shakespeare. Wenn man sich mal genau anschaut, was die alles schreiben, was unser kultureller Bestand der Reflexion über das Politische ist, und dann so Leute hört, die gleich rufen: Verschwörungstheorien! Unsere gesamte politische Literatur, unsere Klassiker sind voll von Reflexionen über Verschwörungen.[14] Das ist das eigentlich Schlimme an so Leuten wie Ken Jebsen oder auch den ganzen konspiratistisch denkenden Kritikern, dass sie immer sagen: Das ist die Wirklichkeit hinter der Wirklichkeit! Dann sage ich: Nein, das ist Politik, das war schon immer so, das kannst du in unserer Weltliteratur nachlesen.

Das heißt letzten Endes, in der Politik geht es immer um Macht, auch noch in Demokratien. Wenn es um Macht geht, dann hast du die Meuchelmörder, die Julius Cäsar von hinten erdolchen. Wir sollten nicht so tun, als ob es bei uns nicht mehr so wäre, weil wir jetzt Demokratien sind und die Geschichte vermeintlich zu Ende ist.[15] Das stimmt nicht. Wir haben Machtstrukturen in der Gesellschaft, die sind mittlerweile stark oligarchisiert. Ich finde das nicht richtig, dass jemand wie George Soros sich so viel an politischer Macht kaufen kann, weil der muss sich für nichts demokratisch verantworten. Trotzdem wird er von vielen als Weltretter dargestellt. Aber das ist keine Demokratie. Das ist Oligarchie. Da bin ich dann darauf angewiesen, ob das ein guter Mensch ist, bei dem, was der sich für sein Geld kauft ...

Was ist deine Antwort darauf?
Es gibt verschiedene Hebel, wo man ansetzen muss. Zum einen sind es innerhalb der digitalen Revolution die alternativen Medien. So etwas wie Ken FM ist ja grauenhaft, nicht nur, weil der Typ grauenhaft ist, sondern auch, weil er einen Platz besetzt, der eigentlich für etwas Wertvolleres da sein müsste. Er hat ja sehr hohe Klickzahlen, das muss man bedenken. Der okkupiert da etwas, was eigentlich einer europäischen Form von The Young Turks gehören müsste, einen Internet-Sender, der auch mal kritische Stimmen einlädt, die man sonst nicht hört, der die Hintergründe beleuchtet, ohne gleich in den Konspiratismus abzudriften, der den Menschen eine Gegenöffentlichkeit zugänglich macht, der das zu überwinden versucht, was Noam Chomsky einmal „Manufacturing Consent" genannt hat, die „politische Ökonomie der Massenmedien".[16] Das wäre ein Hebel, bei alternativen Medien anzusetzen, die massenwirksam sind, sowie natürlich bei der Bewegungsform, das geht ja gar nicht mehr anders. Beides bedingt wahrscheinlich einander.

Wie sieht sie genau aus?
Bei Bewegungsformen musst du pragmatisch ran gehen. Das ist eine Frage der Organisationsform. Das meiste wird immer noch klein gemacht, indem einfach die Ressourcen beschnitten werden.

Die zentrale Frage bleibt dann jedoch weiterhin, wie denn – dif-

fus formuliert – progressiv Neues entstehen kann, weil der Anti-Establishment-Reflex allein nicht unbedingt etwas Progressives bewirkt. Du hast unterschiedliche Entwicklungen: du hast den Rechtspopulismus. Du hast linke Ansätze wie Podemos oder Syriza. Du hast aber auch so ein Phänomen wie den Movimento 5 Stelle des Beppe Grillo in Italien, der politisch höchst ambivalent ist und sich nicht einordnen lässt. Und dann haben wir die Situation in Deutschland, wo es gar keine Bewegung gibt.

Also, ich fand das, was unter der Bezeichnung „Refugees Welcome!" geschehen ist, schon Anfänge eines Bewegungscharakters hatte. Man muss sich das mal vorstellen, dass die sonst von Merkel so verachtete Linke in Deutschland ihr damit quasi den Hintern gerettet hat. Das war so.

Ja, aber das war im originären Sinne keine politische Bewegung.
Es hatte Bewegungscharakter, weil es die Menschen aktiviert hat. Das ist das Allerschlimmste an der politischen Kultur heute, was ich überhaupt wahrnehme. Da spielt unsere Alltagskultur rein, die auf Passivierung ausgelegt ist.

Ja, aber es hat sie vor allem karitativ bewegt.
Es hatte einen humanen Ansatz.

Ohne Zweifel, ich will das überhaupt nicht diskreditieren. Der Einsatz für Geflüchtete ist gut und richtig. Aber analytisch ist es trotzdem wichtig, genau hinzuschauen, was sich da wie bewegt. Es gab eine große, ganz konkrete Hilfsbereitsschaft. Ein politischer Ansatz resultiert daraus aber noch nicht. Die Versuche politischer Aktivisten, daraus eine schlagkräftige Bewegung zu entwickeln, waren nicht erfolgreich. Sie haben sich inzwischen wieder anderem zugewandt. Das Karitative ist zum Glück übrig geblieben. Was ich sehr wichtig finde. Aber früher gab es für so etwas die evangelischen Frauenvereine.

Ja, ich weiß, was du meinst.

Ich meine das gar nicht so despektierlich, wie das jetzt vielleicht klingen mag. Aber es ist eben keine weitergehende Bewegung entstanden. Die Hoffnung darauf, die Gruppen wie die Interventionistische Linke hegten, war völlig illusionär. Pure Fiktion

Deutschland hat da ein Problem. Wenn man das im europäischen Rahmen sieht, muss man bedenken, dass das Grundproblem darin besteht, dass es ein gesamtgesellschaftliches Übergewicht einer falschen Konstellation gibt. Es ist natürlich so, dass Deutschland als Volkswirtschaft, Schäuble und andere vertreten das ja auch knallhart, im Verhältnis zu den südeuropäischen Ländern, ein Interesse daran hat, dass Hierarchien aufrecht erhalten bleiben. Dass wir unseren Niedriglohnsektor aufgemacht haben, das hatte ja seinen Grund. Da war ja die Idee dahinter, die Bundesrepublik wieder wirtschaftlich so wettbewerbsfähig zu machen, dass damit bestimmte politische und systemische Probleme, die damals schon anfingen, mit der Universalantwort für alles wettgemacht werden konnten: Wachstum!

V. EUROPA

59

„Die real vorhandenen sozialen und demokratischen Probleme der EU werden kaum oder nur noch sehr technokratisiert wahrgenommen."

Für Europa hatte und hat die neoliberale Politik von Wolfgang Schäuble & Co. fatale Folgen. Die schwere Krise der EU resultiert nicht zuletzt daraus.

Wenn man den gesamten europäischen Raum nur als Wettbewerbsraum definiert, dann hast du zwangsläufig Verlierer. Das ist so. Aber das ist ein vollkommen falscher Politikansatz. Er ist ökonomisch falsch; er ist im Hinblick auf das, was Europa ist, nämlich eine Friedensordnung, ebenso falsch. Die Idee einer Friedensordnung gab es schon im frühen 18. Jahrhundert etwa bei Saint-Pierre.[17] Diese immer gleiche Idee ist uralt. Und das haben Merkels und Schäubles Bundesregierung fast schon zerstört.

Um nochmal auf den Gedanken zurückzukommen, warum es bei uns in Deutschland keine Bewegung mehr gibt: Hier profitieren noch zu viele von dieser falschen Hierarchie innerhalb Europas. Es gibt Verlierer dieser Wettbewerbshierarchie, die wir aufgebaut haben, die über den Euro exekutiert wird und über unsere Exportpolitik, über den Druck, den wir ständig auf andere ausüben, ihre Arbeitsmärkte zu deregulieren. Wer hat denn in Deutschland in solch einer Situation noch ein Interesse daran, an der Seite der Spanier gegen die Mehrheit in Deutschland auf die Straße zu gehen? Das ist ein Problem, und zwar ein richtig böses. Was Merkel, Schäuble, die SPD da gemacht haben. Sie haben de facto die Axt an die europäische Einheit gelegt.

Dem ist leider nicht zu widersprechen.

Ich bin auch überhaupt nicht glücklich über den Austritt Großbritanniens aus der EU. Ohne Großbritannien fehlt Europa ein Viertel seiner kulturellen, historischen, politischen Basis. Wie beschissen auch immer sich das jetzt mit der Londoner City, mit

May und Johnson entwickeln wird: Ohne England ist die europäische Aufklärung undenkbar – selbst ohne das Spezifische, was dabei aus England kam. Und man sieht ja jetzt mit Corbyn und Labour, dass es da auch andere Traditionen gibt als die der Londoner City. Auch an den renitenten Schotten kann man es sehen.

Jetzt gibt es einen Teil der Linken, der aus den gegenwärtigen Entwicklungen die Schlussfolgerung zieht: Weniger Europa, mehr Nationalstaat. Der der den Brexit befürwortet und es der Syriza-Regierung in Griechenland schwer verübelt hat, dass sie sich nicht für den Grexit entschieden hat. Wie mir scheint, sind nicht nur alle trotzkistischen Strömungen dieser Welt in seltener Eintracht dieser Ansicht – und davon gibt es ja einige. Wenn ich dich richtig verstanden habe, bist du aber weiterhin für eine progressive, europäische Idee, das heißt für eine Reformierung der EU und nicht für deren Zerschlagung.
Ja, unbedingt. Weil die Alternative Nationalismus heißt.

Aber wärest du in dieser Frage nicht weiterhin bei den Grünen am besten aufgehoben, die zumindest von ihrem Anspruch her absolut pro-europäisch sind?
Das sind sie – und zwar quer durch die Parteiflügel. Vor noch nicht allzu langer Zeit habe ein Interview mit dem langjährigen Bundesvorsitzenden und heutigen Europaparlamentarier Reinhard Bütikofer gesehen, in dem er sich tierisch aufgeregt hat, als Schäuble den Griechen mit Rausschmiss gedroht hatte – was der übrigens nicht durfte. Bütikofer war zutiefst empört. Ich kenne ihn ja auch und weiß, dass er nicht unbedingt zu den Speerspit-

zen der Linken gehört, um es mal freundlich zu formulieren. Aber für die europäische Idee brennt er. Das ist durchaus sympathisch. Da haben wir eine Gemeinsamkeit, die wir in anderen Fragen nicht haben.

Die Grünen sind tatsächlich eine 100-Prozent-Europa-Partei. Aber es gibt halt auch hier dieses Minderheiten-, dieses Eliten-Phänomen. Die real vorhandenen sozialen und demokratischen Probleme der EU werden kaum oder nur noch sehr technokratisiert wahrgenommen. Eine richtige pro-europäische Partei müsste jetzt Forderungen erheben, wie die nach einer europäischen Verfassung, nach einem Verfassungskonvent. Aber bitteschön von unten organisiert und nicht wieder von den Eliten, wie es damals gelaufen ist. Wir brauchen gemeinsame Sozialstandards, all diese Dinge. Wir können auch definieren, was europäisch ist und was regional. Das kann man alles machen.

Und wir müssen den Europäischen Rat abschaffen. Der ist nämlich eine Art intergouvernementale Überregierung. Wir brauchen aber echte Gewaltenteilung in Europa. Im Europäischen Rat wird jegliche Idee der Gewaltenteilung komplett konterkariert. Der Witz an der Sache für die, die zurück zur Nation wollen, ist doch gerade der, dass sie damit vergessen, dass es eben die nationalen Regierungen sind, die über den Europäischen Rat die europäische Idee kaputt machen, indem sie dort alles nur aus nationalen wirtschaftlichen Interessen ausbaldowern – jenseits jeglicher Vorstellung von Gewaltenteilung. Da hat das Parlament nichts zu sagen, und die Kommission, na ja, das ist eben auch so ein komisches Konstrukt, bei dem man nicht so weiß, ist das jetzt eine Exekutive oder was ist das? Diese Idee der Gewaltenteilung, die ist ganz wichtig für Europa. Eine Verfassungsbasis ist wichtig, die Idee irgendeines Ansatzes, mit dem man endlich einmal im Sozialen einen Ausgleich schafft. Das fordert der Varoufakis auch, eine europäische Arbeitslosenversicherung zum Beispiel. Irgendetwas, mit dem man einen Ausgleichsmechanismus in diesen Bereich reinbringt. Weil es sonst alles nur noch ein Wettlauf nach unten ist.

Es ist mittlerweile auch ein Wettlauf um die niedrigsten demokratischen Standards geworden. Das muss man noch dazu sagen. Was man eigentlich bräuchte, das ist eine Pro-Europa-Partei, die ganz scharf gegen die augenblickliche Entwicklung der EU vorgeht, mit ihren Institutionen und ihrer konkreten Politik. Griechenland haben wir ja jetzt schon öfter erwähnt. Die europäische Flüchtlingspolitik ist ein Totaldesaster. Nicht nur, aber doch maßgeblich von Deutschland zu verantworten, soweit ich das jetzt Revue passieren lasse. Eine richtige pro-europäische Partei oder Bewegung, das ist ja auch der Ansatz von Varoufakis, der mir daher auch ganz sympathisch ist, wäre vielleicht der Hebel, um diese Sklerose in der deutschen Politik zu überwinden.

Da du selber den früheren griechischen Finanzminister Yanis Varoufakis genannt hast: Was du da erzählst, erinnert mich stark an DiEM25, an das Projekt von Varoufakis. Dieser Versuch der Initiierung einer europäischen Bewegung enthält all das, was du gerade genannt hast. Bis hin zur Forderung eines Verfassungskonvents, die zu den programmatischen Grundlagen gehört. Wäre DiEM25 also ein mögliches Betätigungsfeld für dich?

Ich bin da sowieso schon Mitglied, bekomme auch immer E-mails. Also muss ich mich da irgendwann mal eingetragen haben. Aber ein Problem in Europa vergessen Intellektuelle manchmal auch. Kannst du Portugiesisch, Dänisch, Polnisch oder Bulgarisch?

Nein.

Andere können es auch nicht. Es verlangt zunächst einmal eine riesige Übersetzungsleistung, was politisch in Europa auf die Beine zu stellen. Und zwar in mehrfacher Hinsicht, sowohl ganz praktisch, also technisch, aber auch intellektuell. Man muss das wirklich machen. Das heißt, man darf sich nicht, wie es in der Linken so üblich ist, ellenlange Traktate mit Begründungen bis hin zu Marx um die Ohren hauen, sondern man muss klare politische Botschaften senden. Man muss immer mitbedenken, dass europäisch zwar bedeutet, kulturell und sprachlich unterschiedlich zu sein. Aber zumindest von der politischen Tradition her, ist eine gemeinsame Basis da. Überall Demokratie, überall Republiken, überall der Sozialstaat, überall zumindest die Idee, dass man sich nicht mehr gegenseitig alle fünf Jahre militärisch überfällt. Das ist da, das ist das gemeinsame Fundament. Nur, es muss mit Leben gefüllt werden.

Kommen wir nochmal auf dein künftiges Betätigungsfeld. Das ist mir immer noch sehr unklar geblieben. Vielleicht geht es dir selbst ja so?

Also, was ich auf alle Fälle machen werde, ich werde – das ist ein persönliches Ding – als Consulter in der Beratung arbeiten und dann versuchen, damit so etwas wie ein Think Tank aufzubauen. Das ist etwas, das ich nun anfange und auf kleiner Flamme mache, was mit dem, wie ich mich politisch weiterhin betätige, nicht unbedingt so viel zu tun hat. Das ist erst mal eine kleine Unternehmensform, die sich vielleicht später zu einer größeren entwickelt. Das will ich auf alle Fälle machen.

Was die politischen Betätigungsfelder betrifft, so kenne ich ja viele Leute bereits. Also du könntest jetzt mit sehr vielen Leuten so ein Gespräch führen. Mit Andrea Ypsilanti oder mit Yanis Varoufakis oder mit Jeremy Corbyn, auch mit irgendwelchen unbekannteren Leuten beispielsweise in der Linkspartei. Du könntest sogar mit vielen Grünen so ein Gespräch führen. Ich weiß es noch nicht, welche Form das in Europa annehmen kann und wird. Ob man Dinge einfach aus dem Boden stampfen kann, nur voluntaristisch, da bin ich unsicher.

Ich gebe dir Recht in deiner Fragestellung, dass irgendwas in Deutschland passieren muss. Weil Deutschland das Kernland der Fehlentwicklungen ist. Wenn es Staaten gibt, die für dieses monetaristisch-neoliberale Zeitalter mit ihren konkreten Handlungen stehen, dann sind dies die USA und für Europa ist es Deutschland. Unsere ganze Politik ist so aufgestellt, angebotsorientiert, ausgerichtet an diesen monetaristischen Prinzipien mit ihren entsprechenden Auswirkungen für so viele Menschen vor allen Dingen in Südeuropa. Das ist wirklich falsch. Aber es gehört zur DNA der Bundesrepublik. Das ist ein richtiges Problem. Wenn man bedenkt, wie sich die Bundesrepublik nach dem Krieg aufgestellt hat, Michel Foucault schrieb einmal vom „radikalökonomischen Gemeinwesen". Es geht dabei um die Legitimation, die der deutsche Staat nach dem Zweiten Weltkrieg noch hatte, das ist Foucaults These, und ich finde, da ist einiges dran, wenn er sagt: Die Geschichte hat den deutschen Staat verneint. Fortan tritt das Wachstum und die Ökonomie an dessen

Stelle als Legitimationsgrundlage.[18] Das findest du dann auch in der Politik und bei allen Politikern wieder. Bei Ludwig Erhard – „Wohlstand für alle" – ebenso im Godesberger Programm der SPD, da ist alles nur ökonomisch definiert worden.

Wenn du bei uns aus der Politik einmal die Ökonomie raus nimmst, was bleibt dann noch übrig? Auf der anderen Seite könnte man sagen, es ist gut so, dass es nicht mehr nationalistisch ist. Das ist ja in der Tat in einer Katastrophe geendet. Aber wir brauchen doch auch eine politische Idee. Eine politische Idee, wohin sich dieses Land entwickeln soll. Meine Idee, die ist banal, die ist sogar noch mit den jetzigen Grünen zu machen: in Europa ganz einfach aufgehen. Wir brauchen ein europäisches Deutschland und nicht umgekehrt ein deutsches Europa. Und zwar wirklich auch bis in die Verfassungsgrundlagen hinein. Bis in die Sozialpolitik rein, die abgestimmt sein muss. Bis in unsere Arbeitsmarktpolitik hinein, die nicht andere kaputt konkurrieren darf, sondern die mit anderen Arbeitsmarktpolitiken koordiniert sein muss. Wahrscheinlich sagt das Varoufakis auch, aber es ist ja auch zu offensichtlich, was Deutschland da angerichtet hat. Mit diesem ökonomisierten Machtanspruch in Europa haben wir wie der Elefant im Porzellanladen mittlerweile sehr viel kaputt gemacht.

Wie man an Griechenland sieht.
Tja, und wie kriegt man jetzt in Deutschland so eine Bewegung für ein besseres Europa hin? Wenn du mir die Frage beantwortest, sage ich dir, was ich mache.

Wenn ich das könnte! Aber ich bin da leider ziemlich ratlas. Ich habe ja tatsächlich die Verhältnisse in Griechenland sehr genau und sehr eng verfolgt. Mich empört nach wie vor, wie schnell hier Verrat gerufen worden ist, als Syriza sich entschieden hat, nicht den Grexit zu riskieren, weil die Folgen noch viel verheerender gewesen wären. Aus einer ausweglosen Situation das Beste machen zu wollen, ist etwas, was besonders deutschen Linken äußerst fremd ist. Deswegen ist unter ihnen die Enttäuschung über Tsipras nun besonders groß. Wenn hier irgendwelche Salonrevolutionäre großmäulig um die Ecke kommen, denke ich mir immer: Leute, die beschissene Situation in Griechenland gäbe es gar nicht mehr, wenn ihr in der Lage wäret, endlich Schäuble in Rente zu schicken. Es ist doch so: Ein Bruch mit der Austeritätspolitik ist nur durchsetzbar, wenn es gelingt, die Verhältnisse in Deutschland zum Tanzen zu bringen. Doch leider ist die deutsche Linke so schrecklich unmuslikalisch.

Es ist die eigene Ratlosigkeit, weil man gegen diese Regierung keine Machtmittel findet. Wenn hier die Opposition faktisch ausfällt, dann ist es bequemer, gegen die zu wettern, die woanders ganz konkret in der Scheiße drin stecken.

VI. DIE GRÜNEN

„Man kann doch Ökologie nicht zu einer Marotte gehobener deutscher Mittelschichten machen."

Um nochmal zu den Grünen zu kommen: Wie erklärst du dir ihr Versagen in der Euro-Krise? Sie waren – von wenigen Ausnahmen abgesehen – nicht einmal dazu bereit, sich mit ihren Schwesterparteien in Griechenland und Spanien solidarisch zu erklären, die ja mit Syriza und Podemos verbündet sind?

Letzten Endes sind es immer diese Machtmechanismen. Die sind zu stark mittlerweile und setzen sich immer durch. Es gibt viele in der Partei, ich könnte jetzt ganz viele Namen nennen, über die würde ich nie etwas Böses sagen, selbst wenn ich mal anderer Meinungen war. Das ist alles in Ordnung. Aber die Struktur ist nicht mehr so, dass sich neue, generalistisch denkende Politiker durchsetzen könnten. Wenn jetzt zum Beispiel der von mir geschätzte nordrhein-westfälische Landesvorsitzende Sven Lehmann in den Bundestag geht, dann kann ich dir sagen, wie das abläuft. Auch er wird da auf einen Fachpolitiker heruntergedimmt. Obwohl Sven einen generalistischen Ansatz hat. Ich weiß ja auch von ihm, dass er manche Dinge eher mit zusammengebissenen Zähnen mitgetragen hat. Aber da hat man keine Chance in dieser Struktur. Du kennst ja auch andere Leute aus der Partei. Du weißt, wer da auch aus dem linken Flügel viel zu sagen hat und dabei gar nicht so in der Öffentlichkeit steht. Das gilt beispielsweise für den Bochumer Bundestagsabgeordneten Fritjof Schmidt, insbesondere was strategische Dinge betrifft. Der ist ein klassischer Hinterzimmerstrippenzieher. Aber das funktioniert vielleicht noch individuell karrieremäßig, aber nicht, wenn es um Inhalte geht. Es hat mal funktioniert, solange man noch strategische Partner hatte. Das Letzte, was man als Parteilinker noch konnte, war nach der letzten Bundestagswahl Schwarz-Grün verhindern. Aber das war letztlich nicht einmal ihr Verdienst. Da saßen dann Claudia Roth und Jürgen Trittin mit in den Koalitionsverhandlungen mit der Union. Und man hat der Union fast alles angeboten, Hauptsache, man kriegt was Wesentliches im Ökologischen. Doch selbst das wollte Merkel nicht. Weißt du, was Merkel gesagt hat? Ja, dann machen wir das halt das nächste Mal mit der FDP. Das ist Machtpolitik. Wenn man als Parteilinke keine Machtperspektive hat, die auch gesellschaftlich greift, und an dem Punkt waren die Grünen schon damals, wozu macht man das dann innerhalb dieses Rahmens? Das heißt, dann wird es höchste Zeit, sich einen neuen Rahmen zu suchen. Der letzte Antrag, den ich auf einer Bundesdelegiertenkonferenz eingebracht habe, zielte genau darauf: die Partei öffnen, zu den Bewegungen hin und so weiter. Da wurde dann sogar etwas übernommen. Aber das steht dann halt verloren im Programm, denn das macht keiner von denen.

Die Grünen sind dir also zu bewegungsfern?
Bewegungsfern? Das ist fast schon eine beschönigende Formulierung. Die Grünen haben beim ersten Asylkompromiss alle Menschenrechts- und Flüchtlingsverbände gegen sich gehabt. Beim zweiten, dem „Asylverfahrensbeschleunigungsgesetz", zusätzlich noch alle Sozialverbände! Mit welcher Bewegung, mit welcher zivilgesellschaftlichen Gruppe will man denn noch Politik machen als Grüne? Mit dem Heimatschutzbund Lörrach, oder wie? Was bleibt denn da noch übrig?

Also diese Asylfrage, das ist ja so eine Schlüsselfrage geworden in der Bundesrepublik. Was immer Merkel da auch gemacht oder warum sie es gemacht hat, sie hat ein solches Desaster angerichtet mit ihrer Entscheidung, die ja nichts mit dem zu tun hatte, was sie vorher gemacht hat oder mit dem, was sie nachher gemacht hat oder gerade jetzt tut. Das war eine einsame Entscheidung, die plötzlich da stand, die ihr die gesamte Parteirechte auf den Hals gehetzt hat. Die kochen immer noch in München, weil die keine Zuwanderung wollen, wollten die noch nie. Weg damit. So einfach ist das. Was der vom autoritären Linken zum Rechtsextremen mutierte Jürgen Elsässer in seinen Pamphleten schreibt von „Umvolkung" und so, das denkt sich doch auch der Seehofer. Der sagt das nur nicht.

Auf der anderen Seite hast du dann mit der Kretschmann-Nummer so eine sanfte Anpassung genau an diesen Kurs. Dann sagt er dem *Tagesspiegel*: „Ein Gemeinwesen ohne Grenzen gibt sich auf".[19] Das stand auch auf AfD-Wahlplakaten in Baden-Württemberg. Wenn ich das dann irgendwelchen Grünen in Baden-Württemberg so sage und frage: Was meint der denn damit? Warum kommt der da mit AfD-Sprüchen? Dann höre ich: Ja, das meint der nicht so, aber wir haben doch auch das und das erreicht. Dann kommt immer dieses schrittweise Ruckeln nach Rechts, das war irgendwann sehr offensichtlich.

Auch wenn es so nett wirkt, so wie Robert Habeck vom „linken Patriotismus" spricht.[20] Was soll das denn sein? Oder wenn immer öfters Begriffe in grünen Schriften vorkommen wie „Werte", „Heimat", dann denke ich immer: Hmm, Anfang des 20. Jahrhunderts begann die Ökologie-Bewegung mal im rechtsnationalen Spektrum mit Ludwig Klages und solchen Leuten.[21] Da waren Umweltschutz, Naturschutz und Heimatschutz ein und dieselbe Soße. Es gibt ja auch rechte Wurzeln, aus denen die Grünen entstanden sind. Das darf man nicht vergessen, auch wenn Leute wie Herbert Gruhl, Baldur Springmann und solche Leute dann wieder schnell weg waren. Aber ihre Ideologie ist leider nicht mit ihnen ausgestorben.

Ich habe vielen aus Baden-Württemberg gesagt: Lest mal eine Geschichte des Liberalismus. Wenn ihr schon den Liberalismus besetzt, dann doch bitte den Links- oder Sozialliberalismus von Karl-Hermann Flach und solchen Leuten, aber nicht diesen widerwärtigen Nationalliberalismus. Die Antwort war dann: Ja, nee, wir sind doch immer noch progressiv und wir setzen doch auch Dinge durch wie die Ringelschwanzverordnung in der Schweinezucht und Fahrradwege. Das ist dann „Politik". Es ist auch diese Verkleinerung des Horizonts, die hier stattfindet, dass man die großen Fragen gar nicht mehr stellt. Und wenn es doch jemand wagt, dann ist er ein Spinner, ein Fantast. Was willst du denn? Das ist doch nicht pragmatisch! Und Realpolitik können sowieso nur die Realos. Was für ein Schwachsinn! Die ziehen ihr Ding durch, weil sie die Ministerposten besetzen und die andern nicht ran lassen wollen. Zähl mal die linken Minister in den Bundesländern durch. Die sind fein aussortiert. Viele dürfen da einfach nicht ran.

Geht Winfried Hermann bei dir nicht mehr als Linker durch?
Hermann war übrigens damals beim Sonderparteitag zu Afghanistan noch auf unserer Seite. Er gehörte zu den Leuten aus der Führungsreserve. Wo man im Nachhinein sagen muss, dass das seinerzeit noch funktioniert hat, hatte auch genau damit zu tun, dass er und andere eben noch zur Reserve gehörten. Aber das hast du jetzt nicht mehr. Christian Meyer war dabei, der jetzt in Niedersachsen Landwirtschaftsminister ist. Die Leute, die damals aus den Führungsreserven nach oben strebten, sind jetzt,

wie gesagt, in der Struktur der Partei drin. Sie tun sich auch nicht mehr zusammen, um diesen Kurs aufzuhalten. Ich sag' mal, die Rückkehr in den Schoß der bürgerlichen deutschen Mitte: So wie die DDP früher zur Deutschen Staatspartei geworden ist, so sind die Grünen heute Staatsverwaltungspartei geworden.

Aber haben die linken Grünen nicht vielleicht einfach nur den Fehler gemacht, zu sehr zu lange inhaltsentleert auf Rot-Grün gegen Schwarz-Grün zu setzen?

Zu lange, ja. Habe ich sogar mal genauso geschrieben. Es gab halt das strategische Bündnis mit der Sozialdemokratie. Aber man muss sich emanzipieren. Wir hatten ja immer das Problem, keine Massenpartei zu sein. Das ist ein Problem. Wenn man regieren will, muss man immer mit anderen regieren. Das heißt, man braucht einen Partner. Das kann man strategisch definieren. Zum Beispiel kann man sagen: Wir haben es einmal mit der SPD im Bund gemacht, das ging vollkommen in die Hose. Aber wir haben unsere Lehren daraus gezogen und machen das jetzt anders. Dies aber hat man zum Beispiel nicht gemacht. Man hat das Personal im Wesentlichen beibehalten, bis hin zum Spitzenpersonal, Cem Özdemir, Katrin Göring-Eckardt, Jürgen Trittin, Claudia Roth und so weiter. Fast alle sind heute noch an zentralen Positionen dabei. Die Einzigen, die gesagt haben, als sie hinterher wieder im Bundestag in der Opposition saßen, das war's, waren Ludger Volmer und Joschka Fischer.

Volmer war allerdings auch völlig durch, als „linker" Steigbügelhalter und Ausputzer Fischers politisch fertig. Der hatte doch gar keine Wahl mehr.

Ich schätze ihn sehr, obwohl ich mit ihm in vielen Dingen, bei Hartz IV zum Beispiel, nicht einer Meinung bin. Aber wie auch immer: Nach der Regierungszeit hätte man verschiedene Schnitte machen müssen. Inhaltlich wie personell. Soweit ich weiß, bin ich der einzige einigermaßen bekannte Grüne, der jemals öffentlich gesagt hat: Hartz IV war ein Fehler. Das stand 2007 in der *Berliner Zeitung*.[22] Das habe ich nicht von Jürgen gehört, das habe ich nicht von Claudia gehört. Und von Katrin und Cem ohnehin nicht. Aber nicht nur ich würde es gerne mal von ihnen hören. Auch du hast mich ja damals in der *taz* mit dem Satz zitiert: „Der Fehler war, sich die größte Sozialreform, die diese Republik je erlebt hat, in nicht unwesentlichen Teilen vom Personalchef einer Automobilfirma schreiben zu lassen." Und das es an der Zeit ist, „über grundlegende Alternativen wie etwa das Grundeinkommen für alle nachzudenken".[23]

Trittin räumt inzwischen ja immerhin ein, dass die Deregulierung des Finanzsektors und die Steuererleichterungen, die durchgesetzt wurden, die Freistellung von Veräußerungsgewinnen, dass das Fehler waren. Aber bei Hartz IV räumt er das nicht ein. Dabei wäre das so wichtig. Ich glaube, viele verstehen gar nicht, was das in der Existenz vieler Menschen macht. Existenz, das ist ein sehr schwerwiegendes Wort, aber darum geht es. Das ist so eine Katastrophe. Das ist das genaue Gegenteil einer Sozialstaatsidee, was da gemacht wird. Das genaue Gegenteil. Das ist eher Mittelalter.

Glaubst du, die Grünen würden inzwischen die Agenda 2010 grundlegend reformieren wollen?
Das glaube ich nicht mehr. Albrecht von Lucke sagte mal auf ei-

nem Treffen der linken Grünen, auf das er eingeladen war: Wenn man Schwarz-Grün macht, dann muss das die Parteilinke machen. Dann müsst ihr zeigen, dass man auch mit der Union linke Politik machen kann, dann müsst ihr stark sein, richtige Forderungen haben und die auch durchdrücken. Aber so ist die Parteilinke nicht mehr. Windelweich ist sie. Da kann der Kretschmann sich freuen.

Gegenüber der Parteilinken hatte er immer ein einziges Argument: Man muss Kompromisse machen. Aber, welche Kompromisse? Dass man Kompromisse machen muss, weiß jeder Mensch, der in der Politik tätig ist. Das ist so ein nichtssagender Satz. Es kommt darauf an, ob man gute oder schlechte Kompromisse macht. Dann ist die Frage „Mit wem?" eine nicht ganz unbedeutende, aber nicht die entscheidende. Wichtiger ist, welche Machtposition man hat. Die Südwest-Grünen haben bei der letzten Landtagswahl mehr Stimmen als die CDU bekommen. Das heißt, die sind der Seniorpartner in der Koalition. Aber weißt du, was die in den innenpolitischen Teil des Koalitionsvertrags rein geschrieben haben? Präventive Online-Überwachung, Vorratsdatenspeicherung, dieser ganze konservative Kulturkampf steht da drin. Das muss man sich mal vorstellen! Das hat mich wirklich aufgeregt.

Wenn ich schon mal eine stärkere Position haben, dann kämpfe ich doch auch um meine Inhalte. Haben die Grünen in Baden-Württemberg nicht gemacht, zumindest nicht im innenpolitischen Teil. Da frage ich mich, warum nicht? Mir wurde erzählt, jeder bekomme halt seinen Bereich und könne sich da austoben, dafür haben wir mehr Ökologie. Aber so einen wichtigen Teil wegschenken, da brauche ich auch keine Koalition eingehen.

Dann kann ich das alles irgendwie in die große Lotterietrommel rein tun und jeder kriegt dann irgendwie sein Los. Doch so musste sich die Union nicht einmal auf das Losglück verlassen, um sagen zu können: Ah, die Innenpolitik, wir haben gewonnen! Wenn der so Koalitionen macht, dann ist der Kretschmann eben auch ein schlechter Politiker. Zumindest, was meine Ansprüche betrifft.

Strategisch hat er allerdings recht klug agiert. Kretschmann hat schon sehr frühzeitig auf eine Position der Eigenständigkeit gesetzt und davor gewarnt, nur als ein Anhängsel der SPD zu erscheinen.

Das habe ich auch immer vertreten. Grüne Eigenständigkeit ist vollkommen in Ordnung. So habe auch vor der letzten Landtagswahl immer gesagt: Nein, wir brauchen keine Koalitionsaussage machen. Ob Sozialdemokraten oder Union: Wenn wir klar in unseren Inhalten sind, dann wird sich schon nach der Wahl herausstellen, mit wem was wie geht. Oder eben auch, mit wem es nicht geht.

Die Gesellschaft polarisiert sich wieder. Es wird auch wieder Lagerwahlkämpfe geben. Das glaube ich schon. Die CDU erlebt ja gerade so eine innen- und gesellschaftspolitische Wiedergeburt in ihren konservativen Grundwerten. Um das mal freundlich zu formulieren. Wenn du einen Lagerwahlkampf hast, dann stellt sich aber immer noch die Frage, was das konkret heißt. Es ist schließlich schwierig von einem linken Lager auszugehen, wenn du nicht weißt, ob dieses Lager jetzt beispielsweise für oder gegen TTIP und Ceta ist. Wenn Gabriel in einer Woche sagt, er will den Kapitalismus eindämmen, und nächste Woche tut er das Gegenteil, dann ist das ein Problem. Ist der jetzt für den Monopolkapitalismus und wischt die kartellrechtlichen Bedenken beiseite? Was macht der da eigentlich? Und wer steht denn für die Grünen in diesem linken Lager, mit welchen Ideen, welchen Vorstellungen? Mit welcher Idee, die Menschen zu erreichen?

Um den Gedanken abzuschließen: Ich befürchte, das wird darauf hinauslaufen, dass alle aus Angst vor der AfD kreuz und quer mit dem Gedanken laufen, wir müssen jetzt deren Themen irgendwie beantworten. Das ist der Grundfehler. Das siehst du ja schon bei den Grünen. Da kommt der eine mit dem finalem Rettungsschuss, die anderen wollen mehr Polizei. Aber auf dem Feld verlierst du gegen das Original. Das kommt nur daher, weil man keine eigenen Ideen mehr hat. Wann haben die Grünen das letzte Mal in der politischen Öffentlichkeit der Bundesrepublik ein eigenes Thema gesetzt? Ich überlege gerade, das ist meine Frage an dich...

Gute Frage. Der Atomausstieg fällt mir ein, aber das ist schon ein paar Jahre her.
Das mit dem Atomausstieg, ja. Der ist die Essenz der Partei. Aber der Einstieg in den Ausstieg wäre auch nicht umgesetzt worden, wenn da nicht in Fukushima das Ding hochgeflogen wäre. Wann haben die Grünen wirklich ein Thema gesetzt? Ich glaube gar nicht mehr seit 2005. Ich kann mich jedenfalls nicht daran erinnern, dass seitdem noch etwas gekommen ist.

Immerhin bildet der Kampf für den Atomausstieg eine, wenn nicht so gar die einzige Konstante in der grünen Geschichte bis heute. Der gehörte bei den Grünen immer dazu.

Das stimmt. Und zur Überraschung aller Grünen spreche ich da auch für die Partei, die ich jetzt verlassen habe: Die Umweltfragen, die meinen sie ernst. Ich kenne ja die meisten Grünen. Das ist der Kern. Das Problem ist allerdings immer, wie man die Ökologiefrage definiert. Entscheidend ist dann, in welchen gesamtgesellschaftlichen Zusammenhang man das einbettet.

Wir können das rein ökokapitalistisch und technologisch definieren: Jetzt rettet Silicon Valley die Welt ökologisch und alles baut dann irgendwie diese tollen Türme mit Gärten, diese Politik-Science-Fiction. Das ist die Fücks-Schiene. Glückliche Verbindung von Kapitalismus und Demokratie und Ökologie, oder wie er das nennt.

Oder man macht das sehr fundamentalistisch, dass man sagt, Ausstieg aus der Braunkohle und zwar demnächst. Da werde ich dann immer in Nordrhein-Westfalen gefragt: Aber da hängen 30.000 Existenzen dran. Die musst du laut beantworten, diese Frage. Oder die Frage halt so beantworten, dass es dir schon reichen würde, wenn man das Zeug nicht mehr verbrennt. Wir könnten es ja auch als Grundlage für die chemische Industrie nehmen. Weil unsere Chemie basiert auf Öl – und das Öl ist für unsere Außenpolitik maßgeblich mit verantwortlich. Nur als Frage gestellt: Könnte man nicht auch mal Zusammenhänge definieren, die ökologisch, sozial, gewaltfrei sind? Das waren doch mal die Grundsäulen grüner Politik, die Grundorientierung, auf die man sich irgendwann geeinigt hatte in der Partei. Ich finde bis heute, dass man die halt immer zusammen denken muss. Das geht doch gar nicht anders. Man kann doch Ökologie nicht zu einer Marotte gehobener deutscher Mittelschichten machen. Das funktioniert nicht. In den USA ist die ökologische Frage zum

Beispiel auch eine der Indianer, der Native Americans, weil deren soziale Existenz mit den Pipelines kaputt gemacht wird. Und weil die vielleicht auch eine andere Einstellung zur Natur haben. Die haben übrigens dann Sanders gewählt. Musst du dir mal anschauen, in Montana, North und South Dakota: Wo die Indianer-Reservate sind, da hat Sanders die Mehrheit – wo die Weißen leben, da lag Clinton vorne.

Das war bei den Grünen von Anfang an eine Kontroverse: Versteht man Ökologie als etwas, was sich die Menschen leisten können müssen – und zwar auch die, die sich das nicht leisten können? Dadurch, dass die soziale Frage immer weiter in den Hintergrund gerückt ist, bleibt bei vielen Menschen der Eindruck: Die Grünen vertreten einen ökologischen Rigorismus, der Konsum stark verteuert, weil sie es sich leisten können. Und die anderen sind ihnen egal. So kommt das rüber, und das ist sicher ein Grund für den großen irrationalen Hass auf die Grünen.
Ludger Volmer hat das bereits so gesehen, er ist konzeptionell richtig gut, auch wenn du das nicht glauben magst. Wie hat er das genannt? Entweder Mitte-Unten- oder Mitte-Oben-Bündnis. Dass die Grünen eine bürgerliche Partei sind, aus der Mitte der Gesellschaft, wissen alle. Ob sie es offen aussprechen oder nicht. Das ist auch nicht schlimm. Es muss auch das Bürgertum geben, es hat es schon immer gegeben. Aber wie sich das Bürgertum dann entscheidet, das ist die spannende Frage. Verbündet es sich mit der globalen Meritokratie, Oligarchie, mit den Konzernen, mit bestimmten Vorstellungen in der Europäischen Zentralbank über Europapolitik und Euro-Politik? Oder verbündet es sich mit dem, was man „Unten" nennt, also mit der breiten Masse der Be-

völkerung, schafft so einen sozial-ökologischen Interessenausgleich? Das ist eine Machtfrage.

Die bürgerliche Koalition, also Schwarz-Grün, ist ein Mitte-Oben-Bündnis, weil die CDU, wenn es hart auf hart kommt, bei ihrem Industriekorporatismus Erhard'scher Prägung bleibt: Wenn es der deutschen Wirtschaft gut geht, geht es den Menschen gut, und die deutsche Wirtschaft, das sind die deutschen Konzerne, und die sind exportorientiert. Es geht jetzt sehr stark auch in den Mittelstand hinein. Der Rüstungscluster am Bodensee etwa, da handelt es sich um mittelständische Unternehmen, die da mit Waffen handeln. Auch die gehören in dieses Setting mittlerweile hinein. Das ist nicht mehr nur KraussMaffei. Und da hat Kretschmann eine eindeutige Entscheidung getroffen: Keine Vermögensbesteuerung, nichts. Bleib' mir weg damit! Deutschland ist die deutsche Wirtschaft und die deutsche Wirtschaft exportiert – das ist der Grundkonsens in der Republik. Der galt seit Erhard und der wird nicht angetastet. Das war der große Clou der Union nach dem Zweiten Weltkrieg mit Adenauer und Erhard, dass die den uralten deutschen Industriekorporatismus wiederbelebt und das „Soziale Marktwirtschaft" genannt haben.

Die US-Amerikaner, die damals hier waren, die Besatzungsmächte, haben das noch anders versucht. Die haben ihre Anti-Trust-Politik versucht. Die haben die Deutsche Bank entflochten, die haben die IG Farben entflochten, viele deutsche Unternehmen. Sie hatten für ihre Anti-Trust-Politik nur ganz wenige Verbündete auf deutscher Seite, wie Eucken oder Röpke. Erhard hat das dann alles wieder rückgängig gemacht. Der Kampf um das deutsche Kartellgesetz ist eines der interessantesten Kapitel bundesrepublikanischer Wirtschaftsgeschichte.

Du hast Recht, dass sich da Kretschmann entschieden hat. Aber dazu hat er die CDU gar nicht gebraucht. Das hatte er ja schon zu grün-roten Zeiten in Baden-Württemberg. Siehst du da irgendeinen gravierenden, qualitativen Unterschied?

Das ist das Argument, das ich oft höre: Die sind doch genauso schlecht wie die SPD, also können wir auch mit denen regieren! Ja, wenn das der letzte Anspruch grüner Politik ist, bitteschön…

Das ist aber jetzt ein kleiner rhetorischer Trick. Die Schlussfolgerung wäre da doch wohl eher: mit beiden geht es nicht. Aber wenn man dazu nicht bereit ist, dann bedeutet das eben auch: Wenn es mit dem einen geht, geht es auch mit dem andern, oder?

Im Prinzip ist diese Koalitionsfrage deshalb so eine Falle, weil das ja die Realo-Falle ist. Die Realos haben das immer so gesagt, übrigens die Öko-Libertären in Baden-Württemberg, die wollten darum schon in den 80ern Schwarz-Grün.

Genau, das war ja der Vorläufer für jenes legendäre Streitgespräch zwischen Winfried Kretschmann und Ludger Volmer über Schwarz-Grün und Rot-Grün, bei dem der Parteilinke Volmer ziemlich alt aussah, weil ihm die überzeugenden Argumente fehlten für seine Fixierung auf die SPD.[24]

Es ist ja nicht so, dass das alles ganz neu wäre. Es haben sich letzten Endes bestimmte Kräfte in der Partei durchgesetzt. Da war immer die Erzählung: Lieber den Spatz in der Hand als die Taube auf dem Dach. So simpel war das. Aber, dass es im Hintergrund irgendwie sehr volatil wird mit den Inhalten, vor allem je mehr man die Basis in der Bevölkerung verliert, das ist die Kehrseite der Medaille. Am Anfang, als man noch Fundamentalopposition war bis zur ersten Regierungsbeteiligung, da haben die Grünen doch Helmut Kohl vor sich her getrieben mit ihren Themen. Der hatte doch Schiss vor den Grünen, obwohl die noch nicht einmal regiert haben. Stell' dir das mal vor! Entscheidend war aber nicht, dass sie in der Opposition waren, sondern dass es die Grünen geschafft haben, gesellschaftliche Themen zu setzen und dafür eine gewisse Massenbasis zu mobilisieren.

Da werden die heute führenden Grünen entgegenhalten: Damals waren wir deutlich unter zehn Prozent – und jetzt sind wir in Baden-Württemberg mit mehr als 30 Prozent stärkste Partei.
Dann sollen sie es halt machen. Ich habe nichts dagegen.

Das ist aber jetzt kein vernünftiges Gegenargument.
Na gut, um anders zu antworten: Wenn Kretschmann im Ruhrgebiet anträte, würde er mit seinem Kurs fünf Prozent kriegen. Sein wahlpolitischer Erfolg ist so eben nur in Baden-Württemberg möglich. Ich habe da mal gelebt. Die sind so. Die sind konservativer als im Rest der Republik, vielleicht mit Ausnahme von Teilen Bayerns oder den östlichen Gebieten Sachsens, obwohl das traditionell dort ja auch nicht immer so war. Im Kaiserreich und er Weimarer Republik war Sachsen mal eine SPD-Hochburg. Kretschmann hat es geschafft, in der Mitte der Gesellschaft Baden-Württembergs anzukommen. Jetzt stellt man sich die Frage: Ist das das Modell für die Grünen? Da frage ich ganz einfach: Was kommt denn dabei raus? Dann gucke ich mir an, was der für eine Politik macht in bestimmten Kernbereichen. Er stellt über die Steuerpolitik die Verteilungsfrage nicht. Das hat er schon immer abgelehnt. Kann das die richtige grüne Antwort sein? Er schiebt

den Kohleausstieg auf irgendein Datum nach hinten, das ich jetzt schon wieder vergessen habe. Er gibt den gesamten innenpolitischen Bereich preis. Er gibt die Roma dran. Er gibt viele Grundsätze in der Menschenrechts- und Flüchtlingspolitik preis. Und er trägt vollständig den deutschen Export-Imperialismus in Europa mit, um das mal so zu nennen, der andere kaputt konkurriert. Das ist der Preis.

Dann ist aber die Argumentation nicht die, was ist das erfolgreichere Konzept, sondern was ist das Konzept, bei dem man sich noch treu bleiben kann. Unabhängig davon, wie erfolgreich das ist.

Vielleicht sind wir da so ein bisschen am Kern der Grünen. Ich habe vorhin angedeutet, dass ich das gar nicht so in den Kategorien von Ideal und Verrat des Ideals sehe, sondern darin, dass die Grünen die Fähigkeit verloren haben, gesellschaftliche Mehrheiten zu gewinnen, Interessen zu vertreten und dafür auch machtpolitisch irgendeinen Hebel zu bedienen. Die Realos haben immer nur eine Antwort: „Regieren geht über Studieren." Das war einmal ein Buchtitel von Joschka.[25] Das ist die Universalantwort der Realos. Aber irgendwann musste halt jeder feststellen, habe ich ja auch festgestellt: Man war an der Seite der Sozialdemokraten, und sobald die Sozialdemokraten nicht mehr mehrheitsfähig waren, wusste man nicht mehr, was man tun sollte. Auch wer man eigentlich ist, wusste man nicht mehr.

Und was machen die Linken in den Grünen? Sie setzen weiterhin auf Biegen und Brechen auf Koalitionen mit der SPD. Wenn ich mir nun nicht nur die Schröder-Ära anschaue, sondern auch die bis heute in diversen Bundesländern regierenden rot-grünen Länderregierungen, dann lautet die Bilanz: Was die Grünen wirklich verändert haben, waren sie selber. Du hast dir das ja als Mitarbeiter eines grünen Landtagsabgeordneten das Trauerspiel in Nordrhein-Westfalen hautnah anschauen können.

Tja, das war eine sehr lehrreiche Zeit für mich.

„Die Minderheitsregierung hat mich verdorben."

Warum hast du eigentlich im Februar 2016, also etliche Monate vor deinem Parteiaustritt, deinen Job bei der grünen Landtagsfraktion aufgegeben?

Weil es mir einfach zuviel wurde. Büroleiter im Landtag, das ist viel Arbeit. Da ist man tagtäglich eingebunden. Dann die bundespolitische Arbeit, diese ganze Ukraine-Krise, wo ich mich einfach genötigt sah, im außenpolitischen Bereich ein bisschen Substanz rein zu bringen, also was ich unter Substanz verstehe. Das kostet viel Arbeit. Zudem hatte ich ja schon im November 2015 den Landesverband gewechselt und mich dem Kreisverband Weimar in Thüringen angeschlossen, weil ich die Zustimmung der NRW-Grünen zum zweiten Asylkompromiss der Bundesregierung nicht mittragen wollte.

Aber damit hast du auf deinen einzigen Broterwerb verzichtet.

Da findet sich schon wieder was. Ich mache mich jetzt erst mal auf kleinem Level selbstständig. Dann werden wir weitersehen. Wenn es mir danach ginge, wäre ich doch schon längst dem Beispiel so mancher Parteilinker gefolgt und irgendwann Realo und Staatssekretär oder Minister geworden. Aber das würde mir auch keiner abnehmen.

Als Landtagsfraktionsmitarbeiter hast du deinen Beitrag zum Funktionieren der Regierungsmaschinerie von Rot-Grün in Nordrhein-Westfalen geleistet. Angefangen hast du im Landtag nach der Landtagswahl im Mai 2010. Nach der Wahl gab damals eine rot-grüne Minderheitsregierung. Nach meinem Eindruck war das produktivste Phase in NRW seit Jahrzehnten, in der sich im Land viel bewegt hat. Als das Experiment 2012 beendet

Ja, das war in der Tat so. Ich sage dir, die Minderheitsregierung hat mich verdorben. Ich habe tatsächlich die parlamentarische Arbeit auf der Ebene der Landespolitik in der Zeit der Minderheitsregierung kennengelernt. Minderheitsregierung bedeutet, dass das Parlament eine erheblich größere Machtposition hat als die Exekutive, als die Regierungsorgane in den Ministerien, die Staatskanzlei oder die Ministerpräsidentin. Was ich da gemacht habe als Mitarbeiter im umweltpolitischen Bereich und für den Verbraucherschutz: Ich bin durch die Büros der SPD, der CDU und der Linken gegangen und habe mit denen verhandelt. Das Parlament ist ja eigentlich auch so vorgesehen in unserer Demokratie. Wir haben eigentlich eine Legislativdemokratie, von den Verfassungsgrundlagen her regiert das Parlament. Wir haben ja sogar eine Parlamentsarmee. De facto ist es aber so, dass wir uns immer mehr zu einer Exekutivdemokratie entwickelt haben. Das heißt, aus den Ministerien oder aus der Staatskanzlei kommen die Vorgaben – und im Parlament werden, weil die Mehrheiten ja da sind, die nur noch brav Händchen gehoben. Du hast es selbst ja bei Schröder erwähnt mit dem Misstrauensvotum wegen Afghanistan. Wenn nicht die Händchen gehoben werden, wird halt das Parlament unter Druck gesetzt. Ich bin ein großer Anhänger einer Minderheitsregierung. Das ist auch ein Grund dafür, warum skandinavische Gesellschaften, wo das eine gewisse Kultur hat, auch demokratisch besser funktionieren als unsere. Weil die dieses Denken des Durchregierens nicht haben. Deswegen hast vollkommen Recht mit deiner Bemerkung – es lag in der Tat an der Situation, dass der Parlamentarismus in der Minderheitsregierung stärker war. Wir haben sogar mit der FDP sinnvolle Sachen gemacht, was die Kommunen betrifft. Sogar das ging.

In den zwanzig Monaten von Hannelore Krafts Minderheitsregierung schafften SPD und Grünen zusammen mit der Linkspartei die Studiengebühren ab, mit der CDU machten sie einen „Schulkonsens" und mit der FDP vereinbarten sie einen „Stärkungspakt" für die finanziell Not leidenden Kommunen. Es lief eigentlich ganz gut.

Da konnte man auch programmatische Arbeit machen, weil man die Dinge ausverhandeln musste und weil nicht Ansagen kamen, die einen bestimmten machtpolitischen Rahmen vorgegeben haben. Was Hannelore Kraft betrifft, die ich mal sehr geschätzt habe, wusste ich ganz genau, was geschieht, als sie den Schritt, nach Berlin zu gehen und gegen Merkel anzutreten, nicht gewagt hat. Das war die einzige Option, die die SPD hatte, um das zu gewinnen, glaube ich. Ihre nächste Rolle wird sein, den Kurs des Seeheimer Kreises in der Parteilinken durchzusetzen. Das macht sie jetzt. Das sind die Mechanismen, die in Parteien ablaufen. Entweder man tritt für das ein, was man will und steht das auch durch, oder, sobald man klein beigibt, ist man eingefangen im System und kann dann nur noch irgendwie – insofern man sich noch halten und behaupten will – das Spiel mitspielen.

Das Spannende war, dass du immer als rot-grüne Regierung die Entscheidung hattest: Machst du es mit links oder mit rechts?

Sicher, aber das heißt allerdings nicht, dass wir alles hätten durchkriegen können, was wir uns gewünscht hätten, wenn wir nur immer mit der Linkspartei handelseinig geworden wären. Landespolitik ist komplizierter. Generell muss man sagen, und das muss man den Leuten auch erzählen: Manche Bewegungsleute haben auch komische Vorstellungen von Politik. Ich habe mich mit anderen aus dem Landesvorstand einmal mit Leuten aus der Anti-Atom-Bewegung getroffen und die wollten dann unbedingt Gronau dicht haben. Grundsätzlich ist das eine vollständig berechtigte Forderung, wer will hier schon eine Urananreicherungsanlage, in der atomwaffenfähiges Material produziert wird. Die Bundesregierung hat übrigens geschrieben, „zur Sicherung der Technologie" – welch ein zweideutiger Satz! Dann meinte jemand aus der Bewegung: Ja, aber ihr seid doch die Grünen, ihr seid doch gegen Atom. Ja, dann könnt ihr den Laden schnell irgendwie dicht machen, da muss man sich doch nicht ans Gesetz halten. Da habe ich zu ihm gesagt: Hör' mal, wenn die CDU regiert und die macht in der Innenpolitik irgendwelche Sachen und hält sich dabei nicht ans Gesetz, würdest du das wollen?

Also, so manche komische Vorstellungen hat man auch in der Bewegungsform. Aber das ist schon wichtig, dass man sich an die Rechtsordnung hält, gerade wenn man in der Regierung ist und im Parlament. Und da ist die Landespolitik in bestimmten Sachen nicht weitreichend genug. Das muss man ganz einfach sagen. In der Atomfrage hast du keine wirklichen Kompetenzen. In der Bildungsfrage aber hast du sehr weitreichende Kompetenzen. Da hätte es schon etwas anderes rauskommen können, als der maue „Schulfrieden" mit der CDU.

Doch die NRW-Realos hatten bereits vor der Minderheitsregierung auf den „Schulfrieden" mit der CDU orientiert. Das haben sie noch in der Opposition auf einem sehr harten Landesparteitag durchgedrückt, wo viele dagegen gekämpft haben, dass die Grünen ihre Forderung nach einer einzigen „Schule für alle" opfern. Ob eine progressive Politik auf Landesebene passiert, merkst du hauptsächlich an der Bildungsgeschichte. Unser Bildungssystem ist nach wie vor sozial selektiv, wird sogar wieder selektiver . Das war schon immer ein Riesenproblem in der Bundesrepublik. Die SPD hat das unter anderem mit der Gründung von Gesamtschulen einmal aufgebrochen, ist dann aber auf halbem Weg stehen geblieben, weil sie sich nicht an die Gymnasien getraut hat. Trotzdem: Ich bin Kind dieser Bildungsreform der SPD. Aber das kannst du heute vergessen. Du hast heute wieder so eine Art ständisches System, was sich re-etabliert mit Restschulen, das ist eine Katastrophe. Und da braucht man klare Konzepte und Durchsetzungsfähigkeit.

Und man braucht die Bereitschaft, sich mit den Besitzstandswahrern anzulegen.

Die Bereitschaft, ja klar, die muss da sein. Ist sie aber nicht. Es gibt noch ein weiteres Problem: Man kann zum Beispiel Haushaltsfragen auf Landesebene nicht über die fundamentale Frage der Bildung und Erziehung unserer Kinder stellen. Also wenn mir bitteschön die Haushaltssanierung das Wichtigste ist, dann wird's schwierig. Man hat ja auf Länderebene nicht viel Entscheidungsmacht über die Einnahmen, also geht es nur über die Ausgaben, wenn man sparen will. Wenn ich dann irgendwie unter nachhaltiger Politik für die Zukunft zuerst Haushaltssanierung verstehe und dann erst Bildung, dann habe ich damit ein Problem. Weil das mit Zukunft nichts zu tun hat. Dann mache ich doch lieber Schulden, versuche einen Mechanismus rein zu bauen, dass man die in besseren Zeiten irgendwie wieder abbaut und die Einnahmeseite verbessert. Aber die Zukunft unserer Kinder versauen, obwohl es da wirklich drauf ankommt: nein, das geht gar nicht. Da stehe ich dann der Linkspartei in Nordrhein-Westfalen mittlerweile näher als der stellvertretenden Ministerpräsidentin und Bildungsministerin Sylvia Löhrmann von den Grünen.

Statt einer „Schule für alle" gibt es jetzt halt die Sekundarschulen. Damit ist das für die Grünen erledigt. Die Gymnasien wurden nicht angetastet. Aber ist das nicht tatsächlich auch eine verständliche Position? Es gab ja eine sehr große Dynamik nach dem verlorenen Volksentscheid in Hamburg, dass man sagt, wir verkämpfen uns dort für Leute, die es zwar nötig haben, aber trotzdem an einem Referendum für eine Schulreform nicht teilnehmen. Und die die Grünen eh nicht wählen.

Eine solche Position ist zwar erklärbar, aber deswegen nicht richtig. Das Problem ist schon richtig beschrieben: Diejenigen, die von einer Schulreform profitieren würden, bleiben passiv, während du gleichzeitig gegen ein Klientel antrittst, was natürlich hochmobil ist und tatsächlich sehr aktiv seine Interessen wahrnehmen kann. Dieses Problem hatte die SPD ja schon in den 70er Jahren: Der einzige erfolgreiche Volksentscheid in Nordrhein-Westfalen war leider der gegen die Koop-Schule. Damit erloschen alle Reformambitionen der SPD. Doch das war falsch, weil das Bildungssystem eben ungerecht ist und deswegen weiter für eine Veränderung gekämpft werden muss.

VIII. KLASSENVERHÄLTNISSE

„Letzten Endes geht es in der Politik um Interessen und Macht."

*Um es etwas traditionalistisch zu formulieren: In der Bildungs-
politik geht es um Klassenfragen.*

Ja, sicher. Die Frage ist doch zunächst nicht: Wie kriegen die linken Parteien die Leute an die Urnen, damit sie für ihre Interessen
stimmen. Die Frage ist vielmehr: Was ist denn die Definition der
Interessen der Menschen bei den linken Parteien in ihrem au-
genblicklichen Zustand? Bei den Grünen ist da oft so eine sozi-
alpädagogische Haltung dabei. Dieses Fördern und Fordern
kannst du ganz gut mit grünen sozialpädagogischen Vorstellungen der Erziehung des armen Menschen in Verbindung bringen.
Das ist so. Wie lange haben nicht nur ich, sondern viele in der
Partei nach der Regierungsbeteiligung dafür gekämpft, dass wir
diese unsäglichen Hartz-IV-Sanktionen abschaffen? Sehr lange
hat man nur ein Moratorium ins Programm reinbekommen. Es
gab immer Leute, die haben sich mit Händen und Füßen dagegen gewehrt. Weil es deren Grundüberzeugung ist, zum Beispiel
bei der Sprecherin für Arbeitsmarktpolitik der Bundestagsfrak-
tion Brigitte Pothmer und solchen Leuten, dass die gebildete Mittelschicht die Ärmeren erziehen muss, um es mal richtig auf den
Punkt zu bringen. Aber das ist falsch. Das ist Eliten-Arroganz. Da
fällt mir gar nichts mehr zu ein. Vielleicht, weil ich da her
komme. Ich komme aus armen Verhältnissen. Ich habe meinen
Lebensweg mit einem Hauptschulabschluss begonnen. Vielleicht muss man wirklich eine gewisse Klassengebundenheit haben, um das verstehen zu können, dass so etwas nicht geht.

*Ist das der Grund, warum du bei den vier Themen, die du aufge-
führt hast, über die du ursprünglich mal schreiben wolltest, der
Oberbegriff des „Versagens der Eliten“ dabei ist?*

Das findest du fast in jeder Pressemitteilung zu allen Bereichen. Du musst da einfach mal drauf achten. Da ist so ein gewisser Duktus, der in der Partei irgendwie Standard ist: „Wir sind die bessere Verwaltung." Merkel wird nie kritisiert. Man sagt nicht, das ist falsch, was sie macht, sondern nur, sie könnte das aber noch besser machen. Ganz komischer Duktus. Der lässt sich auch aus der soziographischen Aufstellung der Partei erklären. Wir wissen aus Befragungen zum Beispiel sehr gut: Die grüne Wählerschaft will, dass die Grünen regieren. Warum? Weil viele Grünen-Anhänger im öffentlichen Dienst beschäftigt sind und verbeamtet. Sie gehören sozusagen zu dieser mittleren Führungselite der Gesellschaft, die den anderen im Konkreten sagt, wo es langgeht. In Amtsstuben, in irgendwelchen sozialen Führungsberufen, in der mittelständischen Wirtschaft. Das ist so die Lebenseinstellung dieser Partei. Deswegen kommt auch vielleicht das „Regieren geht über Studieren" so gut an.

Aber dass es dann auch darauf ankommt, dass man die Welt nicht einfach nur besser verwaltet, sondern, dass sich bei manchen Dingen der Rahmen grundlegend verändern muss, der eben falsch ist, das fällt dann hinten runter. Etwa, dass wir innerhalb des gegebenen Rahmens im Ökologischen wie auch in der Außenpolitik auf ein Desaster zusteuern, wenn wir so weitermachen, das wird nicht mehr hinterfragt. Man will dasselbe machen wie der liberal-konservative Mainstream in der Republik. Aber man behauptet, man kann es besser, fachgerechter, ein bisschen humaner vielleicht noch, immer mit hohem moralischem Anspruch.

Obwohl: Über die Moral und die Außenpolitik müsste man noch reden. Das ist etwas, wohin die Grünen sich nicht erst hin entwickelt haben, ich glaube, das gehörte zur Grundaufstellung der Partei von Anfang an. So eine gewisse meritokratische Elitenvorstellung.

Es gibt immer eine gewisse Wechselwirkung zwischen Regierenden und Regierten. Die ganze politische Literatur seit Aristoteles ist voll davon. Und es gibt auch Vorstellungen, die sagen: Warum eigentlich nicht eine Meritokratie? Warum sollen wir nicht die Eliten regieren lassen, die haben doch Ahnung? Die wissen, wie kompliziert das alles ist in der Welt und die können es doch besser als das einfache Volk. Dann kommt dabei heraus, dass diese Eliten gut bezahlt werden von irgendwelchen Leuten, die schlicht Interessen haben.

Letzten Endes geht es in der Politik, da hat Jürgen Trittin Recht, um Interessen und Macht. Seit Menschengedenken, von Anbeginn an. Alle unsere politischen Theorien stellen sich eine Frage: Wie organisiere ich ein Interessengefüge in einer Gesellschaft möglichst so, wie ich das will, wie meine Klasse das will, wie mein Ideal das will, nach bestimmten Vorstellungen von was auch immer. Dann sagen die Konservativen: Wir haben eine Wertegemeinschaft, die ist dann auch noch christlich-jüdisch – was historisch übrigens eine Riesenlüge ist.[26] Und wenn alle ihre Loyalität zu Deutschland zeigen und hier Heimatgefühl entwickeln, dann klappt das auch mit den paar Flüchtlingen, die noch hierbleiben dürfen. So ungefähr.

Aber dabei geht es um knallharte Interessen, natürlich. Da geht es um die Interessen des deutschen Bürgertums, das seinen Teil von der Welt, einen sehr großen Teil an Ressourcen und Rohstoffen und den Hoffnungen der Welt, abschöpft und die Folgen lieber draußen haben will. Das ist die Unionspolitik. Die Grünen sind zum Beispiel mal mit der Nord-Süd-Frage angetreten. Das war ein Riesenthema: die Ausbeutung des armen Südens. Wir haben immer noch einen Nettokapitaltransfer von Afrika in den Rest der Welt. Es ist ja nicht so, dass die armen Afrikaner uns das Hemd ausziehen wollen. Wir plündern die. Immer noch. Das war mal die Nord-Süd-Frage. Ein Riesenthema bis heute bei attac oder bei Weed und vielen anderen Organisationen. Und die Grünen? Die sind heute stolz, dass Deutschland Exportweltmeister ist! Das sagen Grüne jetzt plötzlich. Was bedeutet das? Das bedeutet, dass Siemens in Afrika irgendwelche Leute schmiert, um da die Rohstoffe raus zu holen. Stand das nicht sogar mal in der taz?

Bestimmt.[27]

Da ist doch ein politisches Machtgefüge dahinter. Wenn man als Partei antritt, die einen Anspruch hat, das zu verändern, also die Gattungsfrage zu stellen, im Ökologischen, im Sozialen, in der Friedensfrage, also richtige existenzielle Fragen, die auf unsere nachfolgenden Generationen zukommen, dann kann ich das nicht einfach ausblenden und so tun, als ob hier alles Friede, Freude, Eierkuchen wäre und dass man nur die bessere Verwaltung anbieten muss.

Das tun sie aber schon sehr lange. Was wahrscheinlich daran liegt, dass sie tatsächlich keinerlei Vorstellung mehr von einer anderen Gesellschaft haben, sondern sich nur noch die Frage stellen, ob sie jetzt die SPD oder die CDU sexyer finden.

Ja, das ist eine gewisse Entpolitisierung. Wenn du mal richtig unpolitische Texte lesen willst, dann lese mal Parteitagsanträge der hessischen Grünen. Da saß ich teilweise davor, und wusste gar nicht mehr, was ich dazu sagen oder denken oder schreiben sollte. Das war so Banane und unpolitisch: „Wir holen das Beste aus den anderen Parteien raus." Hör' mal, dafür würde ich noch nicht mal eine Werbeagentur bezahlen. Die würde ich nach Hause schicken.

Auch die regieren mit der CDU und sind sehr zufrieden damit.
Wenn sie meinen. Das ist zumindest konsequent. Ich kenne sogar ein paar hessische Grüne, zu denen ich richtig tolle Beziehungen habe. Aber das ist nicht mehr meine Vorstellung von Politik. Diese Tendenzen sind einfach zu stark geworden. Es gab sie zwar immer, die gibt es in allen Parteien. Das ist ja auch nur allzu menschlich und das liegt auch in der Struktur und im System. Alles geschenkt. Aber, wenn das so übermächtig wird, wenn der zweitgrößte Landesverband, der baden-württembergische, sich mittlerweile so eine Aufstellung gibt, inhaltlich, politisch, innerhalb der öffentlichen Diskussion in der Bundesrepublik und damit auch noch Erfolg hat bei der baden-württembergischen Wählerschaft, dann hat das riesige machtpolitische Auswirkungen auf die Partei. Dem folgen jetzt die Mitglieder – der Mensch folgt sowieso immer den Ressourcen, auch in einer Partei – die am Ende sagen: Ja, das ist es vielleicht.

Wer sind die Grünen eigentlich? Die Grünen sind öko, sagen sie. Hat ja jetzt Toni Hofreiter auch gesagt: „Ich bin öko." Super! Und sonst? Alle anderen Parteien kommen aus ideologischen Formationen: die Union, Liberale, Sozialdemokraten, Sozialisten, Konservative, Christlich-Konservative, alles ganz alte Parteiformationen, alte gesellschaftliche Aufstellungen, die teilweise

Klassen widerspiegelten. Die Grünen sind eine Neugründung der frühen 80er Jahre. Und da musste man erst mal herausfinden: Wer sind wir, was wollen wir eigentlich? Das müssen sie immer wieder austarieren. Da reicht es nicht, nur zu sagen: Ich bin öko. Manche CDU-Politiker, die ich im Landtag kennengelernt habe, die sind auch öko. Natürlich. Die haben nur ein andere Vorstellung davon, die nicht die meine ist: Naturschutz als Heimatschutz.

IX. LINKE FORMSCHWÄCHEN

„Ich halte die Demokratie für eine ziemlich brillante Idee, die immer noch ziemlich unterschätzt wird."

Du hast eben vom Versagen der Linken gesprochen, von der fehlenden Ansprache und Interessenvertretung. Kannst du das etwas näher erläutern

Ich muss von vornherein klarstellen: Wenn ich sage, Vertretung derer, die die Linke eigentlich vertreten müsste, dann meine ich nicht diese ganzen Kulturkampfthemen. Es kann und darf nie darum gehen, opportunistisch Ressentiments beispielsweise gegen Flüchtlinge zu bedienen. Aber das sind alles ohnehin nur die Symptome, auf denen herumgeritten wird. Es geht mir da eher schon um das Rentensystem. Wir alle wissen, wir reformieren am Rentensystem seit Jahren rum, aber immer falsch oder nur hinterher flickend. Es geht um bestimmte soziale Fragen im Allgemeinen. Also um die Arbeitswelt der Menschen, die sich so radikal verändert. Um die alten fordistischen Sicherungssysteme, die nicht mehr greifen. Wir haben keine Antworten darauf, immer noch nicht.

Ich versuche ja schon seit Jahren, das bedingungslose Grundeinkommen genau aus dieser Perspektive zu beleuchten. Ich sage: Wenn sich die Arbeitswelt so diversifiziert, teilweise aufgrund der technologischen Entwicklung, teilweise mit der Deregulierung auch politisch gewollt, dann müssen wir als Antwort darauf die soziale Sicherung universalisieren. Wir können diese Individualisierung der sozialen Sicherungssysteme nicht beibehalten. Was dabei herauskommt, ist so etwas wie Hartz IV, ein Kontrollmechanismus, der nicht nur grauenhaft sondern auch noch teuer ist. Das muss man sich mal vorstellen! Wir haben eine soziale Sicherung eingeführt, die auf den Schulhöfen als Stigma und Schimpfwort betrachtet wird. Dabei sollte das eigentlich eine soziale Sicherung sein.

Aber haben wir da nicht auch das Problem, dass linke Intellektuelle einfach zu weit weg von dieser Lebensrealität der Prekarisierten und Abgehängten sind? Es wurden große Erfolge erzielt bei der Liberalisierung der Gesellschaft, beim Eintreten für Minderheiten und deren Rechte, beim Kampf gegen Diskriminierungen. Das reicht von der Eingetragenen Partnerschaft bis hin zur Quotierung von Aufsichtsräten. Kulturell war die Linke ziemlich erfolgreich.

Bei den Themen der postmaterialistischen Linken.

Worauf ich hinaus will: So wichtig das sogenannte Postmaterialistische ist, so scheint darüber die soziale Frage mitunter aus dem Blick geraten zu sein. Damit allerdings erfassen man nicht mehr die Lebensrealität eines großen Teils der Bevölkerung. Die SPD nimmt das in Kauf, weil sie mit diesem Klientel nicht wirklich mehr etwas anfangen kann. Da hat in den vergangenen Jahrzehnten ein beidseitiger tiefgreifender Entfremdungsprozess stattgefunden. Und die Grünen hatten ohnehin noch nie einen wirklichen Bezug zum nichtakademischen Milieu.

Es gibt aktuell ein brillantes Buch von Thomas Frank über die Entwicklung der US-Demokraten.[28] Frank beschreibt darin dezidiert, wie sich die US-Demokraten von der Partei Roosevelts, also von einer tatsächlichen Arbeiterpartei, bis heute entwickelt haben. Es begann mit Jimmy Carter 1977, wurde ganz stark bei Bill Clinton und ging dann über Barack Obama jetzt zu Hilary Clinton: Sie alle haben irgendwann die Vertretung der Interessen der breiten Masse der Menschen aufgegeben und die Probleme, die sich daraus im Sozialen ergeben, in die Bildungsschiene geschoben. Nach dem Motto: Wenn ihr euch nur mehr bildet, weil wir ja jetzt in der Wissensgesellschaft leben, dann könnt ihr euch behaupten. Was ja auch teilweise stimmt, aber das ist eben nicht die Lösung. Sie haben sich auf die neuen Mittelschichten und die New Economy konzentriert. Alles wird technokratisch und technologisch betrachtet und gelöst. Obama stellte nach der Finanzkrise 2008 einen der Hauptverursacher, Timothy Geithner, als Finanzminister ein. Weißt du, warum Obama das gemacht hat? Weil er glaubte, der kennt sich aus! Es sind Meritokraten geworden. Die Idealvorstellung bei diesen Politikern – auch bei Schröder feststellbar, wenn er Rürup holt und Riester einsetzt, die ja dann bei den privaten Versicherungen gelandet sind, für die sie vorher Politik gemacht haben – ist: Das sind Leute, die sich auskennen.

Es ist eine Art Meritokratie als Idealvorstellung, statt der Demokratie, was da in die Linke eingezogen ist. Also so eine Art Expertenregierung. Nur so kommen dann so zynische Sätze dabei heraus, die dann sogar programmatisch geworden sind, wie der im Schröder-Blair-Papier von 1999: „Teilzeitarbeit und geringfügige Arbeit sind besser als gar keine Arbeit."[29] Oder wie jener Satz von Franz Müntefering, der sagte: „Nur wer arbeitet, soll auch essen." Das hat er wirklich so gesagt. Tatsächlich. Ein Sozialdemokrat. Das heißt, da werden bestimmte gesellschaftliche Normen erhoben und diejenigen, die hinten runter fallen, die fallen eben runter. Diese Linke hat also gar nicht mehr den Anspruch, die Masse der Menschen zu vertreten. Und dann wundern sie sich, dass die Leute den Front National wählen? Oder UKIP in Großbritannien? Oder Trump, Wilders, Strache und wie die alle heißen? Da wundern die sich? Der Aufstieg des Rechtspopulismus in den USA und Europa ist einzig und allein den

Fehlern zuzuschreiben, die die Linke gemacht hat.

Also den Fehlern der sozialdemokratischen Linken, oder?
Den Fehlern der sozialdemokratischen Regierungen und ihrer jeweiligen Sidekicks, die mit dabei waren. Es war dieses New-Economy-Ding, was da wahrscheinlich stark mit reingespielt hat, in diese ganze Wende hin zu einer technokratischen Vorstellung von Politik. Ich habe dies jetzt mit Thomas Frank „Meritokratie" genannt, es ist aber ein sehr alter Begriff.[30]

Die Linkspartei nimmt für sich in Anspruch, anders zu sein.
Ist sie auch. Aber sie spricht die Leute auch nicht an.

Warum nicht?
Ich habe ja nichts gegen Theorie, bin selbst ein sehr theoretischer Mensch. Aber ich habe was dagegen, das Theoretische so hoch zu stellen, dass man sich vollkommen aus der praktischen Politik rausschießt. Wenn man nur noch Universalerklärungen hernimmt, muss sich kein Mensch darüber wundern.

Als Oskar Lafontaine die WASG ins Leben gerufen hat, es waren ja im Wesentlichen er und noch ein paar Westgewerkschafter, da hat er die Menschen durchaus populistisch angesprochen. Allerdings noch etwas anders als heute. Er hatte zwar schon immer die Tendenz, zum Antiemanzipatorischen. Aber inzwischen ist es schlimm geworden. Man kann die Menschen auch ansprechen, wie es Sanders getan hat.

Kann der eigentlich auch übers Wasser laufen?
Immer wieder auf Sanders zurückzukommen, ist kein Spleen

von mir. Es sind bei ihm die einfachsten Dinge, bei denen man feststellt: Toll! Aber man macht sich keine Gedanken darüber, was er da eigentlich gemacht hat. Er hat diese ganzen Identitätspolitiken der Linken, dieses Patchwork der Minderheiten, überwunden. Es ist doch klar für uns, dass man für die Emanzipation der Schwarzen in den Südstaaten eintritt, für die Homo-Ehe oder dafür, dass die Millionen illegaler Migranten einen rechtlichen Status bekommen. Eben, die ganze Patchwork-Politik, die die US-Demokraten für gewöhnlich so machen. Aber Sanders hat gesagt: Nein, so funktioniert das nicht! Wir stehen jetzt alle zusammen, weil der Gegner ist da, heißt soundso und der macht es so, aber das ist falsch. Wir fordern stattdessen gemeinsam das und das und das. Nur so erreichen wir etwas. Ich finde das genial. Ist das Populismus?

Das heißt, du setzt auf eine stärkere Polarisierung?
Die ist da. Wir müssen sie nur auf den Punkt bringen.

Da kommst du aber genau in Widerspruch zu dem, was du vorher gesagt hast. Nämlich zu der Frage, was kann man dafür tun, um die Situation für Menschen unmittelbar zu verbessern? Es ist klar, dass das auch immer Teil von linker Politik sein muss, nicht nur abstrakt für den St. Nimmerleinstag. Man wird die Menschen nur gewinnen können, wenn klar ist, dass man auch real etwas ändern will. Sanders hat den Vorteil, dass er eine Kampagne macht und dann war es das. Wenn der jetzt hier Vorsitzender einer Partei gewesen wäre, und diese Partei wäre mit 10, 15 oder 20 Prozent ins Parlament gekommen, dann müsste er sich die Frage stellen: Was mache ich im Parlament? Wenn es rechnerisch möglich ist, gehe ich dann in eine Koalitionsregierung, um eine konkrete Verbesserung hin zu kriegen, aber vieles eben auch nicht? Was machst du dann? Das ist doch genau das Dilemma, an dem am Anfang die linken Grünen standen und woran sie auch gescheitert sind. Das ist die Frage, vor der nunmehr die Linkspartei steht. Wenn sie in die Regierung gehen, werden sie bei zahlreichen Anhängern eine enorme Enttäuschung produzieren. Wenn sie in der Opposition bleiben, ebenso. Und sie müssen sich dann außerdem noch anhören, sie seien nur Wolkenkuckucksheimer.

Selbstverständlich ist das kompliziert. Bleiben wir mal bundespolitisch: Wir haben über die soziale Frage und die Europafrage geredet, über die Friedensfrage und insgesamt die Außenpolitik haben wir bisher kaum gesprochen. Das sind alles bundespolitische Themen. Da ist die Sache ganz einfach, da muss man feststellen: Die Linkspartei war noch an keiner Bundesregierung beteiligt. Und sie wird auch nicht regieren, wenn sie sich so weiter entwickelt. Also mit diesem komischen Unmut, diesen unprogressiven Anmutungen, die sie in weiten Teilen hat.

Die Grünen haben nur ein Mal über anderthalb Legislaturperioden im Bund regiert. Das ist in einigen Politikbereichen ganz ordentlich gegangen. Man hat gesellschaftliche Liberalisierungen administriert, die sich vorher schon entwickelt haben, und da auch Erfolge gehabt. Auch in der Umweltpolitik hat man Erfolge gehabt. Alles kein Problem. Man hat jedoch ein Desaster im Sozialen angerichtet. Und in der Außenpolitik hat sich die Fischer-Linie durchgesetzt. Friedlich war die nicht. Das wäre mal ein eigenes Buch wert. Obwohl: Es sind schon Bücher darüber geschrieben worden. Insgesamt ist die Bilanz durchwachsen.

Trotzdem spricht das nicht grundsätzlich gegen eine Regierungsbeteiligung.

Ich habe mal, das ist schon länger her, mit der Bundesvorsitzenden Simone Peter am Telefon gesprochen und zu ihr gesagt, dass man endlich was machen müsste in der Partei. Weil wenn das so weitergehe, wenn der rechte Flügel weiter den Durchmarsch macht, werden die Grünen nie wieder regieren. Das ist die Konsequenz aus der Kretschmann-Nummer.

Warum?

Allein schon, weil es keine Mehrheiten für Schwarz-Grün geben wird. Das Aufkommen der AfD verschiebt ganz viel im politischen Gefüge, also das Wiederaufkommen der Rechten. Ich glaube auch nicht, dass die so schnell wieder weggehen wie damals die „Republikaner" weggegangen sind. Das ist leider ein bisschen schlimmer diesmal. Was Jürgen Trittin gesagt hat: Wird eh' eine große Koalition, quasi die letzte Hoffnung der Parteilinken, das ist zu wenig. Das ist für die Menschen zu wenig, die vielleicht Vorstellungen davon haben, für progressive bürgerliche Menschen, die gewisse Vorstellungen von Emanzipation haben, oder auch für Menschen, die irgendwie Schiss haben um ihre soziale Zukunft und so weiter. Leute, die in dieser Bildungsmaschinerie kaputt gehen, die ja auch sehr ökonomisiert und auf Effizienz getrimmt wurde. Von der Schule bis zur Universität. Denen geht es gar nicht so sehr um die Frage: „Wer koaliert mit wem?"

Die Schlüsselfrage hingegen – und das ist auch die, die ich mir immer wieder stelle – lautet: Wie erreichen wir die Menschen? Wie erreichen wir Massenwirksamkeit? Das ist eine Demokratie, anders als über Wahlen geht das nicht. Ich möchte auch, dass es nur über Wahlen geht. Weil, wie die historische Erfahrung zeigt, alles andere Scheiße ist. In Revolutionen kommen letzlich nur die Idioten an die Macht. Die mit den längsten Knüppeln. Dieser Gedanke der Demokratie ist fragil. Da muss man nur mal genau hinhorchen, auch bei vielen Spitzenpolitikern. Man muss jemandem wie Jens Spahn nicht sehr lange zuhören, bevor er, etwa wenn er mit einer Migrantin redet, auch so Begriffe wie „Loyalität", „Treue", „Heimat" verwendet. Das hat mit Demokratie aber nichts zu tun, das ist Volksgemeinschaftsdenken. Oder die Vorstellung, Demokratie sei die Herrschaft des Mobs, auch die haben einige. Andere halten sie hingegen für eine sehr komplizierte Form von Austarierung, dass bloß nicht irgendwie der Mob plötzlich bestimmt, wo es langgeht. Nein, das sehe ich alles nicht so. Ich halte die Demokratie für eine ziemlich brillante Idee, die immer noch ziemlich unterschätzt wird. Es funktioniert, wenn wir daran glauben, wenn wir es hinkriegen.

Wenn man darum kämpft.
Wenn man darum kämpft, ja. Innerhalb der Demokratie ist es ja auch interessant, dass die Linkspartei einen demokratischer Sozialismus anstrebt. Selbst bei der SPD steht der ja sogar noch irgendwo hinten im Grundsatzprogramm drin. Sanders sagt, das ist seine Idee, dass die Verbindung einer sozialen Grundaufstellung einer Gesellschaft in einer Demokratie nicht mit einem individualisierten Kapitalismus zusammen gedacht werden kann. Im Grunde genommen ist das richtig. Das lehren uns mittlerweile sowohl die historischen Erfahrungen mit dem Realsozialismus als auch die mit dem Kapitalismus. Wie wir das konkret ausfüllen, wie wir die Menschen ansprechen, das hat uns San-

ders für USA gezeigt. Er hat gezeigt, dass es geht. Auch wir haben die Pflicht, als linke, progressive Menschen dies zu tun. Selbst mit Najib Karim von den Neuen Liberalen, der aktuellen sozial-liberalen Abspaltung von der FDP, kann man über so etwas reden. Auch er versteht übrigens Sanders. So wie damals Karl-Hermann Flach Willy Brandt verstanden hat.

X. REALPOLITIK

„Man muss von einem realistischen Standpunkt aus die andere Seite nicht so nehmen, wie man sie gerne hätte, sondern so, wie sie ist."

Kommen wir nochmal zu der Rolle der Grünen zurück. Deine Orientierung, das ist ja vorher mit den Bezügen auf Sanders und Corbyn deutlich geworden, ist also eine Bewegung, die tatsächlich auch wieder die soziale Frage stellt und es schafft, die Prekarisierten zu gewinnen und diese nicht den Rechten zu überlassen. Aber wäre dafür nicht die grüne Partei von Anfang an eigentlich das falsche Gefäß gewesen? Du hast Bezug auf Karl-Hermann Flach genommen: Die Rolle der FDP war nie die, die arbeitenden Massen zu gewinnen. Das oblag der SPD. Die „Mission" der FDP in ihrer linksliberalen Phase war, der SPD zu ermöglichen, zu regieren.

Die FDP war zu Flachs Zeiten noch keine reine Funktionspartei. Das glaube ich nicht. Das ist sie ja erst mit Genscher geworden.

Das ist nicht unbedingt ein Widerspruch. Klar ist doch, dass sie von ihrer soziokulturellen Struktur her durch und durch eine bürgerliche Partei war und ist. Politisch war sie jedoch nicht homogen. Es gab einen nationalliberalen Flügel, die Wirtschaftsliberalen und die Sozialliberalen, die zur Zeit von von Karl-Hermann Flach und den Freiburger Thesen ihre Hochphase hatten. Aber dieser seinerzeit starke linksliberale Flügel hätte nie von sich geglaubt, er könnte die Arbeitermassen gewinnen, sondern hat diese Funktion immer der SPD zugewiesen. Darum geht es, das ist etwas ganz anderes als bei Genscher. Den Sozialliberalen von Flach bis Hildegard Hamm-Brücher haben sich doch damals gesagt: Wir ermöglichen progressive Politik, aber die Massen für diese progressive Politik muss eine andere Partei gewinnen.

Die meinten das auch mit der Entspannungspolitik damals in diesen FDP-Kreisen ernst. Man darf zum Beispiel auch nicht vergessen, dass Walter Scheel, der ja jetzt verstorben ist, für die Entspannungspolitik entscheidend mitverantwortlich war. Der war gar nicht so, wie er manchmal wirkte oder dargestellt wird. Aber die progressive Phase der FDP war leider nur eine kurze Phase. Das muss man auch sagen. Die hatten vorher eine ziemliche braune Soße in der Partei drin und nachher sind die Wirtschaftsliberalen übriggeblieben.

Ja, das war die Phase, die mit der Ablösung des Ritterkreuzträgers Erich Mende bis zur Übernahme der Partei von Genscher und Lambsdorff reichte. Das war leider nicht mehr als eine kurze Zwischenperiode.

Kaum zu glauben: Das erste Umweltprogramm, das in Deutschland geschrieben wurde, stammt von der FDP. Das ist tatsächlich so. Peter Menke-Glückert hat es geschrieben. Mit dem habe ich zu Beginn der Ukraine-Krise einen Austausch gehabt, genauso wie mit Burkhard Hirsch. Mit Menke-Glückert telefonisch, mit Hirsch brieflich. Ich kann hier gar nicht sagen, was Hirsch über das Verhalten der EU und der NATO in der Ukraine-Krise geschrieben hat. Das ist nicht zitierfähig. Also, das sind schon beeindruckende Politiker. Es gab und gibt im deutschen Bürgertum in der Tat schon einige wirklich integre Leute. Ich habe vorhin vielleicht etwas unglücklich Friedrich Naumann erwähnt, aber man muss auch andere erwähnen wie Harry Graf Kessler oder Ludwig Quidde von der DDP. Sicherlich zählt in neuerer Zeit auch die von dir eben angeführte Hildegard Hamm-Brücher dazu.

Schön, dass du an Ludwig Quidde erinnerst. Ansonsten ist der Pazifist und Friedensnobelpreisträger ja fast vollkommen ver-

gessen. Dass er vergessen ist, ist bezeichnend für diese Gesellschaft.

Quidde ist jemand, an dem man sich unbedingt erinnern sollte. Zum Gründungskreis der DDP gehörte 1919 übrigens auch Max Weber. Von ihm stammt eine interessante, wenn auch nicht die einzig gültige, aber doch sehr scharfe Kapitalismuskritik. Diese ist anders als die von Marx, sie trifft aber doch auch einen Kern, nämlich den christlichen Kern des Kapitalismus, dessen pietistisch-moralischen Kern: „Die protestantische Ethik und der Geist des Kapitalismus".[31]

Wobei Max Weber natürlich derjenige ist, den führende Realos bei den Grünen stets mit Vorliebe zitieren, und zwar immer mit seiner fragwürdigen Unterscheidung zwischen „Gesinnungsethik" und „Verantwortungsethik".
Wunderbar. Ich liebe Verantwortungsethik! Die Verantwortungsethik erfunden hat übrigens Machiavelli.

Aber mit dieser sagenumwobenen Verantwortungsethik wird doch alles gnadenlos legitimiert, bis hin zu Kriegseinsätzen.
Ja, der Begriff wird missbraucht. Nicht von allen Realos übrigens. Das ist ein bestimmter Kreis innerhalb der Realos, der bis heute stil- und diskursprägend ist. Die kleben immer noch an Fischers Lippen. Robert Habeck hat zum Beispiel jüngst gesagt, Fischer sei sein Vorbild. Man kann ihn ja zitieren, wenn er das sagt. Da muss man genau hinschauen: Fischer hat bestimmte Dinge in der Partei rein machtpolitisch durchgesetzt. Er war ein sehr bewusster Machtpolitiker. So kommt die Bezeichnung „Fundis" für den linken Flügel von ihm. Das hat er von den fundamentalisti-

schen Dschihadisten aus dem Afghanistan-Krieg gegen die Sowjetunion. Damit hat er eine negative Besetzung der linken Grünen geprägt. Und sich selbst hat er das Etikett des Realos angeklebt.

Dabei ist Realpolitik in der Außenpolitik eigentlich ein sehr ernstzunehmender Begriff. Man kann sich schließlich den außenpolitischen Partner nicht aussuchen. Das heißt, man muss von einem realistischen Standpunkt aus die andere Seite nicht so nehmen, wie man sie gerne hätte, sondern so, wie sie ist. Dann kann man Politik mit ihr machen. Das ist die Schule des Realismus in der Außenpolitik. Bei den US-Amerikanern gibt es daher auch eine Trennung zwischen Idealisten und Realisten. Diesen Begriff der Realpolitik hat Fischer versaut. Er hat ihn ja nur opportunistisch besetzt: Regieren geht über Studieren. Für ihn galt: „Was interessiert mich das alles, ich bin Minister und ich kann hier den großen Käse machen." Ich habe es selber erfahren, ich bin ja in Hessen großgeworden. Du wirst es nicht glauben, aber zunächst war ich sogar ein Fan von Fischer! So nach dem Motto: Der zeigt es denen jetzt allen mal. Der Börner mit seiner Dachlatte, der kann uns gestohlen bleiben. Und wenn du dann mal das Buch von Christian Y. Schmidt „Wir sind die Wahnsinnigen"[32] liest, dann schaust du schon etwas genauer hin. Und dann lernst du Daniel Cohn-Bendit kennen, der dir eine Email schreibt, worin steht: „Ich habe immer recht!" Kein Witz, das hat er mir geschrieben während der Afghanistan-Debatte.

Wenn ich mich recht erinnere, hat er dir damals auch den Rat gegeben, einen Blick auf die französische Revolution zu werfen, die dir zeigen würde, „dass die 'Kopf-Ab-Mentalität' der Jakobiner fatale Folgen für die demokratische Substanz eines revolu-

tionär-gesellschaftlichen Prozesses" gehabt habe.

Ja, so ein Zeugs hat er mir in einem „Offenen Brief" geschrieben. Wenn es um die Diffamierung von Kritikern geht, wird der Dany gerne mal theatralisch. Interessanter ist der Blick auf die Strukturen in den Grünen, die ich kennengelernt habe. Was übriggeblieben ist von denen, aus sich die Grünen ursprünglich zusammengesetzt haben: aus den vielen K-Grüpplern, aus dieser Sponti-Szene, die da aus Frankfurt kam, aus rechten Ökologen, aber auch aus Feministinnen, aus Nord-Süd-Kämpfern und nicht zu vergessen aus vielen ernst zu nehmenden Pazifisten und Friedensbewegten, die damals gegen den NATO-Doppelbeschluss auf die Straße gegangen sind. Das war richtig bunt am Anfang. Es war ja auch ein ziemlich harter Gründungsprozess. Wenn man sich so Bilder von den Parteitagen anschaut, da möchte ich nicht dabei gewesen sein.

Och, das war lustig in den Anfangsjahren. Und politisch war es weitaus spannender als es die heutigen Grünen sind. Allerdings gab es auch schon den Kretschmann mit seinen „Ökolibertären". Zu denen gehörte übrigens auch noch der spätere deutschnationale **Welt***-Herausgeber Thomas Schmid, der in den 70er Jahren bei Fischers Spontitruppe „Revolutionärer Kampf" mitmischte.*

Ja, und Kretschmann war damals im Kommunistischen Bund Westdeutschland. Die meisten KBWler, die zu den Grünen gingen, sind auf dem rechten Flügel gelandet.

Das mag daran liegen, dass die meisten KBWler eigentlich schon immer ziemlich unerträgliche Typen waren. Da sind sie sich treu geblieben.

XI. NATO

„Bei denjenigen Grünen, bei denen da nicht ohnehin Gleichgültigkeit herrscht, dominiert der Menschenrechtsbellizismus."

Die KBWler waren diejenigen, die immer bellizistisch waren: „Die Macht kommt aus den Gewehrläufen", hieß es ja einst beim KBW – auch wenn damals wohl noch nicht die der Bundeswehr und der NATO gemeint waren. Heute vertritt Fücks auch den Ökokapitalismus und den liberal-konservativen Mainstream.

Es ist immer auch Aufgabe der Politik, die großen Linien festzulegen und natürlich auch ein Stück weit zu verwalten, klar. Aber wenn es nur noch Verwaltung ist, wenn es nur noch darum geht, dass die großen Linien bereits vorgegeben sind, dann wird es destruktiv. Jeder kennt Sprüche, wie: Ja, da kannst du nichts machen, das ist die Globalisierung, wir müssen uns halt anpassen, wir müssen wettbewerbsfähig bleiben und wir können jetzt nicht diese oder jene Steuer einführen, wir können keine Bankentrennung vornehmen, weil das in der Globalisierung nun mal so ist, weil da ist ja noch China usw. Aber wenn das sogar jemand wie Clinton sagt, also jemand, der in der Hierarchie der Globalisierung ganz oben ist, dann fragst du dich: Stimmt das wirklich oder ist es nicht vielmehr so, dass sie das auch selbst machen, was sie „Globalisierung" nennen? Das heißt, diese intergouvernementale Struktur, dass was Michael Hardt und Toni Negri das „Empire" genannt haben, diese wird ja auch von Politikern gemacht.

Kein Mensch fragt dann danach, wer eigentlich die Handlungen der NATO legitimiert? Wer legitimiert das demokratisch? Hat jemals irgendein Bürger in Frankreich oder bei uns darüber abgestimmt, ob die NATO diesen oder jenen Schritt unternehmen darf? Dass zwischenstaatliche Strukturen entstehen, ist normal und wir haben ja eigentlich sogar formelle Institutionen dafür, die Vereinten Nationen, die OSZE und so weiter. Aber dass der fundamentale Gedanke der Demokratie, dass diejenigen, die über die existenziellen Dinge meines Lebens bestimmen, dass ich die in Wahlen auch wieder wegschicken kann, und zwar friedlich, wenn sie das Falsche tun, der funktioniert in vielen Bereichen nicht mehr. Das merken die Leute. Und da drückt das der Pegida-Mensch in Dresden dann halt so aus, wie er es kann. Und die Grünen haben keine Antworten. Die thematisieren es noch nicht einmal.

Es gab ja immer so eine Chiffre, wenn man öffentliche Diskussionen über Rot-Rot-Grün geführt hat, die hat Jürgen Trittin immer verwendet, die meisten verwenden sie: Die Linkspartei, die ist nicht regierungsfähig, auf die kann man sich nicht verlassen. Da könnte man ja mal genau nachfragen: Was meinen die eigentlich damit? Was heißt das, nicht regierungsfähig zu sein? Sind das Idioten? Nein. Zu regieren, das ist jetzt kein so großes Arkanum, das kann man lernen. Jeder fängt mal an, man macht vielleicht Fehler. Man kann diese verbessern, man hat seine Fachleute und Referenten. Es kommen viele Leute aus den Universitäten und so ein Ministerium besteht ja nicht nur aus einem Minister, sondern aus vielen hunderten, mitunter tausenden Leuten. Alles kein Problem. Die meinen einfach: Wer sich nicht dem Dogma unterwirft, dass die NATO das Gesetz ist, der ist nicht regierungsfähig. Merkel handelt ja genauso. Das heißt, vieles von dem, was sie macht oder nicht tut oder zu spät getan hat, lässt sich nur so erklären. Das stört mich am meisten bei den

Grünen mittlerweile und auch teilweise schon bei der Linkspartei. Dass das nicht mehr hinterfragt wird. Dabei war diese Frage mal eine Schlüsselfrage in der Geschichte der Grünen.

Deshalb weiß Trittin ja auch, wovon er spricht. Er hat schließlich auch den Kotau machen müssen, um Minister werden zu dürfen. Für Schröder hat sich die „Regierungsfähigkeit" der Grünen 1998 auch daran entschieden, ob sie ihren Frieden mit der NATO machen und ihre Zustimmung dazu geben, dass die Bundeswehr wieder im Ausland Krieg führen kann.

Ja, genau. Das ist die Machtfrage. Es wird dann immer so dargestellt, dass dies die ganz große Politik ist, die entscheidet niemand mehr. Das ist dann einfach so. Selbst bei Steinmeier ist das so, obwohl er genau weiß, dass man richtigen Scheiß mit Russland anrichten kann. Das weiß er. Er ist ein erfahrener Diplomat. Er redet wahrscheinlich jede Woche mehrmals mit Lawrow. Und der wird ihm auch sagen, was Sache ist. Also weiß er es.

Aber an dem Punkt würde ich es ganz klar so ins Politische übersetzen: Wir brauchen eine eigenständige europäische Außen- und Sicherheitspolitik. Wir müssen als Europäer für unsere Interessen eigenständig einstehen können. Wir haben immer noch sehr viele Gemeinsamkeiten mit den US-Amerikanern, mehr als sich so manche Linke übrigens selber eingestehen wollen. Aber die US-Amerikaner haben ihre eigenen Interessen. Sie zeigen sich mittlerweile übrigens immer unfähiger in ihrer ideologischen und militärischen Überdehnung, diese umzusetzen. Vieles, was Obama gemacht oder nicht gemacht hat, in Syrien etwa, ist ein Zeichen von Schwäche, ganz einfach. Brzezinski schreibt das mittlerweile auch sehr deutlich: Die Zeiten sind vorbei, wir sind nicht mehr die global dominierende Weltmacht. Das ändert sich jetzt gerade.[33] Da müssen wir doch zumindest mal den Grundgedanken zulassen können, dass wir Interessen haben, die nicht identisch sind mit denen in Washington. Ohne dass man sich jetzt gleich Antiamerikanismus auf die Fahnen schreibt. Ein ganz rationaler Grundgedanke. Aber sogar die Linkspartei entwickelt sich mittlerweile in diese Richtung: Ja, die NATO, die haben wir seit dem Kalten Krieg, das ist halt so, das ist unsere Sicherheit. Obwohl das mittlerweile vollkommen falsch ist.

Seit der NATO-Osterweiterung sind die mittel- und osteuropäischen Staaten nicht sicherer geworden. Sie werden jetzt immer unsicherer. Die Sicherheitslage verschlechtert sich dadurch. Man kommt in ein Sicherheitsdilemma hinein. Wer sich ein bisschen auskennt, weiß was das bedeutet: Die eine Seite kann der anderen nicht mehr vertrauen. Man weiß nicht, wollen die sich nur verteidigen, wenn die aufrüsten, oder wollen die uns angreifen? Schon ist man im Sicherheitsdilemma. Ganz schwierige Situation.

Lange war ein Grundkonsens der Grünen: „Militärblöcke auflösen, raus aus der NATO!" Nach dem Kalten Krieg wäre das die Prämisse gewesen. Nach 1989 ist das die erste Forderung für jeden gewesen, der in dem Bereich irgendwelche friedenspolitische Ambitionen hatte. Die hätte man durchhalten müssen.

Mir hätte es als erstes schon gereicht, hätten sie ihre Position „Keine deutschen Soldaten im Auslandseinsatz!" durchgehalten.
Die Grünen waren in ihren Anfangsjahren sehr realistisch, als sie beispielsweise festgestellt haben, dass diese ganze atomare Hochrüstung ein „Meta-Wahnsinn" ist, wie es Petra Kelly formu-

liert hat.[34] Eigentlich darf sich kein vernünftiger Mensch mit dieser Grundstruktur in der internationalen Politik abfinden, denn diese ist die Androhung der Auslöschung der Menschheit. Dies steht in den Militärdoktrinen übrigens auch so drin. Das muss einfach abgeschafft werden. Das muss ein Ziel sein. Da geht es eben um die Interessen der Menschen, die Interessen von uns allen.

Das ist eine ganz große Frage. Und die hat dann auch etwas damit zu tun, wie man zur NATO steht. Da hat sich ja auch einiges entwickelt in der Partei, was sehr erstaunlich ist. Auch da habe ich etwas erreicht. Zumindest auf der programmatischen Ebene. In das grüne Programm zur Europawahl 2014 habe ich die Forderung reingebracht: Überführung der NATO in eine kollektive Sicherheitsarchitektur.[35] Das ist jetzt ewas anderes als: „Raus aus der NATO". Es meint aber doch die Überwindung der NATO.

Allerdings weiß ich natürlich auch, dass Papier geduldig ist. Die NATO ist eine intergouvernementale Machtstruktur, die alles überwölbt. Alle haben sich daran zu orientieren. Wenn man ein gewisses Niveau der Politik erreicht hast, dann kriegst du diese Frage aufgetischt: Bist du für oder gegen die NATO? Das ist die Machtfrage, die dann gestellt wird. Bei den Grünen ist diese mittlerweile zugunsten der NATO beantwortet worden. Übrigens flügelübergreifend. Da darf sich keiner irgendwelche Illusionen machen.

Viele Leute innerhalb der Partei haben bei dem Thema einen rüden Umgangsstil entwickelt. Wenn die mit mir reden, dann denken die: Das ist so ein Pazifistenspinner. Dann wird immer gleich in der dritten Person mit mir geredet: „Ihr Pazifisten." Dabei habe ich immer betont, dass ich mich zwar als Pazifisten sehe, aber als verantwortungsethischen Pazifisten.

Kommst du jetzt schon wieder mit Max Weber?
Also ich bin nicht jemand, der sagt, es sei Frieden auf der Welt und solange wir nur beteuern, nicht mehr aufeinander zu schießen, dann ist alles gut. Das ist naiv, weil das nicht reicht. Das bedeutet: Für den Frieden muss man arbeiten. Denn wenn man das nicht tut, hat man irgendwann doch wieder Krieg. Das sind die Mechanismen in der Geschichte.

Außerdem muss man sich immer mit konkreten Situationen auseinandersetzen. Ich habe zum Beispiel bezüglich Afghanistan sehr oft den Satz gesagt: Man führt keinen Krieg, den man nicht gewinnen kann. Dann sagten mir Linke, die meinten, grüne Politik sei ideelle Politik: Bäh, man führt überhaupt keinen Krieg! Geschenkt. Aber deswegen muss ich mich doch trotzdem auch ganz konkret damit beschäftigen, was da geschieht. Krieg ist immer schlecht. Aber es ist darüber hinaus eine Riesensauerei, einen Krieg zu führen, den man nicht gewinnen kann. Denn das läuft darauf hinaus, dass auf Dauer einfach Menschen abgeschlachtet werden. Und zwar einfach so, ohne dass man erklären kann, warum, wozu und wie das mal enden soll. Während dann einige Linke glauben, ich sei für gewinnbare Kriege, denken die Realos dann: Was ist das für ein Spinner? Denen ist sowas egal.

Ich bin dafür, alles mögliche dafür zu tun, um Kriege zu verhindern und die Kriegsgefahr zu verringern. Aber bei denjenigen Grünen, bei denen da nicht ohnehin Gleichgültigkeit herrscht, dominiert der Menschenrechtsbellizismus. Das ist mittlerweile eine Katastrophe. Da darf man eigentlich gar nicht öffentlich drüber reden. Da muss man sich für schämen. Was da mittlerweile in dem Bereich für Leute für Dinge sagen. Unfassbar.

Was meinst du konkret?
Ich bin zum Beispiel auf der Debattenliste der grünen Linken von jemanden verabschiedet worden als „Putins bester Mann bei den Grünen". Gut, da haben einige dann auch gesagt, das sei ehrverletzend. Aber das ist mittlerweile ein Stil, der seitens bestimmter Leute eingerissen ist, dieses selbstgerechte Moralisieren, und der absolute Unwille, einen rationalen Zugang zu einem so wichtigen Politikbereich zu finden.

Wie waren denn überhaupt die Reaktionen auf die Ankündigung deines Parteiaustritts?
Gemischt, genauso, wie ich es erwartet habe. Es gab die eine oder andere Bösartigkeit, aber auch nette Reaktionen. Es gibt Leute, die ich sehr schätze in der Partei, Volker Beck zum Beispiel. Der hat so reagiert, wie ich es erwartet habe: anständig, verständnisvoll, freundlich. So wie er ist.

Gab es Reaktionen, die dich überrascht haben?
Nein, bis jetzt nicht. Das mit den Reaktionen ist überhaupt kein Problem. Ich weiß auch von vielen, mit denen ich sehr lange zu tun hatte, die nicht reagiert haben, warum sie nicht reagiert haben. Das ist alles in Ordnung. Ich habe auch überhaupt nicht vor, mit irgendjemandem irgendwas abzurechnen oder irgendwas abzubrechen.

„Es ist ein Fehler wenn Medien der Mut fehlt, den Scheinwerfer auf die Dunkelheit zu richten."

Du träumst von einer undogmatisch-linken Bewegung. Die Realität sind anders aus. Da sind die Rechtspopulisten derzeit erfolgreicher.

Jetzt gibt es tatsächlich einen großen Teil, der sich nicht als Gewinner begreift, der sich abgehängt fühlt und zunehmend anfällig für Rechts wird, ohne dass es irgendeine linke Kraft gibt, die dem was wirksam entgegensetzen kann. Und zwar nicht im Wagenknecht'schen Sinne, indem man zentrale Elemente der rechten Propaganda aufnimmt, wie den Nationalismus. Es geht also darum, das „Wir da unten/Die da oben" progressiv organisierbar zu machen. Das scheint wohl das große Dilemma der Linken, des linksalternativen Bereichs in der Bundesrepublik zu sein, weil er offenkundig da keinen Zugang hat. Und vielleicht auch keinen alten Mann. Andere Länder haben Corbyn und Sanders – wir haben Kretschmann.

Na ja, immerhin haben die Grünen auch noch Ströbele...

Ströbele ist so ein Phänomen, das in Kreuzberg-Friedrichshain funktioniert, aber im Rest der Republik irgendwie nicht so ganz. Ich schätze Hans-Christian außerordentlich, aber natürlich ist es das nicht. Er ist das Produkt einer bestimmten alternativen Szene, in die hinein er auch wirkt, aber nicht in einem relevanten Maße darüber hinaus.

Die Menschen spricht man an, indem man ihre Interessen vertritt. Das heißt, erst mal muss man die Menschen überhaupt ansprechen können. Das ist wirklich ein Problem, dass die politische Klasse, ob sie sich nun in NGOs oder in Parteien bewegt, die Menschen nicht mehr erreicht. Das gilt auch für die klassischen Printmedien. Die Leute, die bei uns in den Vororten in Gelsenkirchen da in den Wohnsilos leben, die erreicht keiner mehr von denen. Nicht mal mehr die Ansprache dahin funktioniert also. Die sehen ihr Privatfernsehen und lesen dann, wenn es hochkommt, eine Regionalzeitung, die umsonst verteilt wird, oder die *Bild-Zeitung,* und das war's dann. Soziale Kontakte gibt es bestenfalls noch in der engen Peer-Group, wenn überhaupt.

Diese Atomisierung ergreift diese Gesellschaftsschichten immer mehr. Das ist ein Problem, diese Atomisierung der Gesellschaft, für solche Menschen gibt es keine Jobs mehr. Die werden wegrationalisiert oder ausgelagert. Aber auch das sind Menschen, die zu unserer Gesellschaft gehören, ein Teil von ihr sind, für die auch das Versprechen da ist, für das wir uns überhaupt zu einem Gemeinwesen zusammentun. Das, was wir kennen, dass wir mal abends in eine Kneipe gehen oder mal auf ein Kulturfest oder ins Kino, das gibt da nicht. Abgesehen davon, dass die jeden Cent umdrehen müssen für sowas. Das ist etwas, was ich bei Katja Kipping immer sehr geschätzt habe, dass sie auf sowas achtet. Dass die Leute auch eine Zeitung lesen können, wenn sie politisch teilhaben sollen, und entsprechend auch das Geld dafür haben müssen. Ganz banal. Da achten wir gar nicht mehr drauf. Ich kann mich noch erinnern, als ich groß geworden bin in Kassel, da gab es noch viel mehr an kulturellem, sozialem Leben, auch staatlich finanziert. Auch das wird zunehmend zurückgefahren. Das ist heute nur noch Notreparatur in vielen Gegenden. Ein Streetworker ist dann irgendwie nur noch da, wo die Kacke besonders am Dampfen ist.

Deine Zustandsbeschreibung scheint durchaus plausibel.
Diese Abgehängten erreichen wir nicht. Die Linke hat sich so-

wieso schon immer sehr gerne im Salon bewegt und sich dort untereinander belehrt, was der richtige Weg ist. Gefragt werden muss jedoch: Was machen wir jetzt eigentlich? Es gibt bestimmte Dinge, die ändern sich. Die digitale Revolution verändert die Welt schneller als wir es uns vielleicht vorstellen können. Der arabische Frühling hatte viel damit zu tun. Das war im Wesentlichen eine Smartphone-Revolution. Der Aufstieg eines Trump, aber auch der Erfolg eines Sanders haben damit zu tun. Große Teile der Medien merken zwar, dass ihre klassische Sender-Empfänger-Funktion nicht mehr funktioniert. Aber sie wissen nicht, wie sie darauf reagieren sollen. Das ist immer sehr interessant, wenn irgendwelche großen Zeitungen ihre Online-Kommentare abstellen, weil sie nicht mehr wissen, wie sie damit umgehen sollen. Dass plötzlich die Kommunikation reziprok wird. Interessant.

Das ist aber auch teilweise mehr als grauenhaft, was da abgesondert wird.
Aber ich glaube nicht, dass diese Menschen vom Himmel gefallen sind, die Gesellschaft war schon immer so.

Früher war es mühseliger, Beschimpfungen zu verbreiten.
Jetzt ist es einfach und wir müssen damit umgehen. Wir müssen uns mit diesen Leuten unterhalten. Auch mit den Arschlöchern, die dabei sind. Aber ich glaube nicht, dass das Potenzial an solchen Leuten, die wirklich gefährlich sind, so groß ist, dass man davor Angst haben muss. Der Rechtspopulismus wird immer dann gefährlich, wenn er Fragen beantwortet, die eigentlich von anderen gestellt und beantwortet werden müssten, die aber von

ihnen nicht gestellt und beantwortet werden. Da muss man etwas entgegensetzen, um dieses Ohnmachtsgefühl der Leute adressieren zu können. Das ist wirklich ganz entscheidend. Auch für die Medien. Das ist sehr bedeutend.

Darin liegt auch eine Chance. Es ist gut, dass man in den USA jetzt auch Dank Sanders endlich Dinge ausspricht, die vorher nicht in dieser Dimension thematisiert wurden. Das führt etwa dazu, dass die Koch-Brüder nicht mehr machen können, was sie wollen, also diese Super-Milliardäre, die ihre Pipelines da durch Dakota ziehen wollen, weil sie kein Öl mehr aus Venezuela kriegen für ihren Unsinn. Das ist ihr privates Spielzeug. Die glauben, dass sie mit dem Staat machen können, was sie wollen. Die kaufen sich auch Wahlen, wie sie wollen. Sie haben die Tea Party finanziert. Das muss man adressieren, damit solche Leute wie Ken Jebsen, dieser gefährliche Spinner, nicht mit der dunklen Verschwörungstheorie daherkommen. Wir wissen alle, was für eine Macht Banken haben. Wenn man das dann nicht richtig offen thematisiert, dass da eben auch eine politische Machtstruktur dahinter steht, dann kommt halt jemand wie Jebsen daher und ruft: „Die Rothschilds, die Rothschilds." Dann wird das schnell zu antisemitischem Dreck.

Genau das ist die große Gefahr.
Es ist ein Fehler wenn Medien der Mut fehlt, den Scheinwerfer auf die Dunkelheit zu richten. Das nutzen andere dann aus. Bei dir bin ich da jetzt an der falschen Adresse, das weiß ich schon. Aber dass sich die Medien neu aufstellen müssen, wissen alle. Diskutieren ja auch alle, dass sich da gegenwärtig etwas radikal verändert. Es reicht dabei nicht, dann nur moralisch die Herren

und Damen Verschwörungstheoretiker zu verurteilen. Dass das mit der „Federal Reserve" und den „Rothschilds" irgendwie Blödsinn ist und nur alte, antisemitische Muster bedient, müsste eigentlich jeder wissen. Aber komischerweise kommt das bei erstaunlich vielen Leuten an. Das liegt aber nicht nur daran, dass sie dafür anfällig sind, sondern auch daran, dass sie eine Ahnung davon haben, dass da irgendwas schiefläuft. Sie haben das nicht abseitige Gefühl, irgendwie werden da ihre Interessen nicht mehr vertreten. Da gibt es eben auch etliche, die schauen zum Beispiel auf ihren Rentenbescheid. Und dann hören sie, die machen jetzt die Grenzen auf, es gibt eine Völkerwanderung. Welchen Schluss ziehen sie daraus?

Wahrscheinlich den falschen. Das Spannende ist aber doch, welchen Schluss Linke daraus ziehen. Fordern sie, die Grenzen dicht zu machen? Oder erklären sie den Menschen, warum ihr Rentenbescheid wirklich so niedrig ist?

Wir hatten vorhin über Verantwortungsethik gesprochen. Wie gesagt, das stammt ursprünglich von Machiavelli, als man in den italienischen Republiken der Renaissance damit begann, sich von alten Gottesvorstellungen im Politischen zu lösen. Die Verantwortungsethik bedeutet in modernen Gesellschaften nichts anderes als: Der Mensch organisiert sich selbst. Und dass man den Menschen nehmen muss, wie er ist. Dass wir vollständig irdisch für die Folgen unseres Tuns oder Unterlassens verantwortlich sind. Das ist der Politikbegriff seit der Renaissance. Bei Machiavelli ist das erstmals sehr stark herausgearbeitet. Dann beurteile ich doch Politik nach den Folgen des Tuns oder Unterlassens. Ich weiß manchmal nicht, was Angela Merkel antreibt. Die regiert ja jetzt auch schon sehr lange. Ich habe das Gefühl, schon genauso lange unter Merkel leben zu müssen wie unter Kohl. Dann hörst du ihr so zu: Es gibt Situationen, da spricht sie richtig leidenschaftlich. Damals, beim berühmten Parteitag in Leipzig, als die CDU diese neoliberale Hardcore-Wende herbeiführen wollte, was dann auch richtig schiefgegangen ist. Oder wenn sie vor Unternehmerverbänden spricht, da scheint sie bei sich selbst zu sein. Dann beschleicht mich der Verdacht: Wenn sie überhaupt eine Motivation hat, wenn sie wirklich hinter irgendetwas steht, dann ist das wahrscheinlich immer rein ökonomisch. Da kannst du dir das ja ausmalen: Ja, okay, die Gesellschaft altert, meine Partei will keine Zuwanderung. Das wissen wir ja alle, das verhindern die schon seit Menschengedenken. Dann machen wir das halt so mit der demografischen Entwicklung. Quasi Politik als demografische Funktion der Ökonomie.

Und deswegen hat sie die Grenzen nicht geschlossen?
Ich glaube, Angela Merkel ist in die Falle gerannt, auch teilweise der Grünen. Ich denke, wenn ich Merkel beurteilen sollte – ich kenne sie jetzt nicht besonders, ich habe noch nie mit ihr geredet, viele Grüne machen das ja regelmäßig –, dann würde ich sagen, sie hält sich tatsächlich für so eine Art progressive Unionspolitikerin, die glaubt: Die Grünen sind ein guter Partner für mich, weil es mit ihnen dann ein bisschen gesellschaftliche Modernisierung gibt und ich kann meine Partei in den Städten wieder verankern. Da hat die Union ja ein Riesenproblem. Ich bin ja christlich-human und möchte die Schöpfung erhalten, die wollen auch Umweltschutz. Und die soziale Marktwirtschaft – jedenfalls das, was Merkel darunter versteht – stellen sie auch nicht

mehr in Frage. Ich glaube, die denkt so. Dabei hat sie ganz vergessen, was sie eigentlich für harte Hunde in ihrem Verein hat. Richtige völkische Leute wie Seehofer. Die wollen keine, wie der Österreicher sagt, „Tschuschen".[36] So denken die. Das ist wirklich so. Da darf man sich keine Illusionen machen. Das ist wirklich „deutsche Volksgemeinschaft". Es gibt große Teile in der Union, die haben sich mit der Idee der Republik noch nie so richtig anfreunden können.

Aber was folgt daraus? Hätte Merkel etwa die Grenzen vor den Flüchtlingen dichtmachen sollen?

Du hast wahrscheinlich Recht, wenn du die Entscheidung von Merkel verteidigst, die Grenzen nicht geschlossen zu haben. Möglicherweise sollte ich eher sagen, die Gesamtheit der Politik von Merkel ist ohne Sinn und Verstand, nicht diese einzelne Entscheidung. Vielleicht sind wir uns darin einig. Es ist aber nun diese eine Entscheidung, über die sich jetzt alle zerstreiten, die war ja eine Art _Game-Changer_, in Europa und der Bundespolitik. Diese Entscheidung in ihrem Wesen zu verstehen, ist ziemlich schwierig. Da kommen wir dann vielleicht auch auf gewisse Grundfragen des Politischen, die man da erörtern müsste, etwa die des Dezisionismus.[37]

Aber ich bleibe dabei, dass viele jetzt Merkel irgendwie gegen ihre eigene Partei, die CSU und gegen die bösen Mittel-Ost-Europäer als die Gute hinstellen, schlucke ich nicht so einfach. Mit ihrer autoritären, kommandierenden Art in Europa, zum ökonomischen Vorteil Deutschlands in erster Linie, ist sie für das europäische Desaster zumindest mitverantwortlich. Sie ist auch für Schäuble verantwortlich.

„Sanders hat mich begeistert, ganz einfach so, wie er viele Millionen Amerikaner begeistert hat."

Wie bist du eigentlich auf Bernie Sanders gekommen, dass er dich so entflammen konnte?

Es war Zufall. Ich habe irgendwann mal eine Rede von ihm mitbekommen. Wie so ein Vorwahlkampf halt beginnt. Der beginnt irgendwie total langweilig. Ich glaube in Iowa, im Februar, und da hat noch kaum einer hier was mitgekriegt. Am Anfang hat ja Clinton alles in den Südstaaten gewonnen. Es war dann Mitte März, als alle hinschauten: Der Sanders gewinnt plötzlich Wahlen! In Michigan, in Utah sogar. Dann habe ich eine vollständige Rede von ihm gesehen und habe gedacht: Oh, die haben einen neuen Roosevelt. Und dann habe ich begonnen unter einem etwas ironischen Titel – „Robert Zion erklärt Claus Kleber US-Demokratie“[38] – ein paar Berichte zu verfassen über die US-Vorwahlen: was das Establishment der Demokraten in Nevada auf dem Parteikonvent mit den Sanders-Delegierten gemacht hat, über soziale Zustände in West Virginia und so weiter. Was von hier aus nur möglich gewesen ist, weil es dort in den USA mittlerweile eine breite und auch alternative Medienlandschaft gibt.

Was soll man sagen? Als dann an meinem 50. Geburtstag, am 25. März 2016, der kleine Spatz in Portland/Oregon bei ihm auf dem Podium gelandet ist, habe ich gedacht: Ey, das ist ein Zeichen. Das ist wie bei den Römern. Die glaubten ja noch an die Auguren.[39] Und bis heute ist es so, dass die Menschen an die Macht der Natur glauben. Das ist jetzt natürlich albern, das weiß ich selber. Tatsächlich hat es mir ein bisschen so die Frustration über politische Prozesse genommen. Sanders zeigt: So geht's. Ich fand schon die Entwicklung in England ganz spannend. Du musst dir mal die Antrittsrede von Corbyn als Labour-Vorsitzenden durchlesen. Die beiden haben eine starke Sprache. Das Geheimnis dieser Leute ist, dass sie Dinge zur Sprache bringen und dadurch dieses „Together!" erzeugen können. Und das ist eben nicht so dumm wie bei den Rechtspopulisten.

Mich wundert das überhaupt nicht, dass kaum ein Sozialdemokrat auf die beiden eingeht. Weil die sich über sich selbst zu Tode schämen, wenn sie das sehen. Sanders hat mich begeistert, ganz einfach so, wie er viele Millionen Amerikaner begeistert hat, vor allen Dingen die Jugend. Sowas gibt es. Hat er dich nicht politisch begeistert?

Absolut. Ich fand sehr faszinierend, wie es ihm gelungen ist, mit linken Positionen so viele Menschen zu motivieren und zu mobilisieren. Absolut. Das einzige, was schade ist: Sowohl er als auch Corbyn sind alte Männer. Was bleibt vom Sanders' Aufbruch, wenn seine Kräfte schwinden oder nicht mehr da ist?
Na ja, er hat ja in seinem Gefolge interessante Leute wie Tulsi Gabbard, diese Frau aus Hawaii, die als außenpolitische Expertin sehr interessant ist. Oder Nina Turner, die ehemalige Senatorin aus Ohio. Aber es stimmt schon: Das ist ein Teil eines gewissen Niedergangs der Demokratie, wenn es zweier alter Männer bedarf, die im politischen System bis dahin Freaks waren. Corbyn, der ewige Ströbele von Labour, so kann man ihn vielleicht beschreiben. Sanders war immer Unabhängiger und hat als Senator von Vermont als einsamer Kämpfer alles durchgestanden. Und die kommen daher und gehen von außen in zwei klassische sozialdemokratische Massenparteien rein und schaffen genau das, was das Establishment dieser Parteien nicht mehr kann. Genau das, was eigentlich der Sinn dieser Parteien war, auch historisch schon immer gewesen ist, nämlich die In-

teressen der Menschen zu vertreten. Und zwar ganz konkret. Wenn du dir die Forderungen von Sanders durchliest, dann sind diese ganz konkret. Kein Trallala, keine Ideologie: Gegen das US-amerikanische Gefängnissystem, die Privatisierung und die Masseneinsperrung von Menschen, für die Bekämpfung des Klimawandels, sogar für den Atomausstieg. Stell' dir das mal vor! Weißt du, wie viele von den bekannteren Grüne ihn offiziell unterstützt haben? Es gibt ja diese Wikipedia-Seiten, wo die *endorsements* aufgelistet sind. Da steht Sahra Wagenknecht. Grüne habe ich da nicht gesehen.

Das ist der Haken.

Ja, das ist der Haken. Ich weiß noch, als Obama damals angetreten ist, wie Bütikofer auf dem Nominierungsparteitag war und getwittert oder gepostet hat: „Ganz toll hier" – jetzt kommt Obama, jetzt kommt der Erlöser. Was hat Obama gemacht? Er hat sehr viel versucht. Das ist ein guter Mensch. Wer Menschenkenntnis hat, weiß oder ahnt das zumindest. So hat Obama einige dieser Menschenrechtsbellizisten aus den außenpolitischen Stäben entfernt, wie Samantha Power, die zur UN „befördert" wurde. Aber vor der Wall Street hat auch er den Knicks gemacht. Die sind zu ihm gekommen – es gibt sogar ein konkretes Datum – und danach sind die raus gegangen, die Vertreter der Wall Street, und haben der Öffentlichkeit gesagt: Der wird uns nicht an den Kragen gehen.[40] Auch Obama gehört also zu dieser Neuaufstellung der Demokraten seit Bill Clinton. Man verwaltet als eine Führungselite, für die man sich hält, die Gesellschaft und macht es dann halt ein wenig besser als die Republikaner. Aber die Grundfesten stellen sie nicht mehr in Frage.

Das ist nicht nur ein Phänomen der US-Demokraten, sondern gilt auch für die europäische Sozialdemokratie. Dort ist auch die Auffassung weit verbreitet, dass man Gestaltungsspielraum nur noch im Gesellschaftlichen, aber nicht im Ökonomischen, man sich also nicht mit dem Kapital anlegen darf.

Wie sich die Zeiten ändern! Nach dem Schwarzen Freitag und nachdem so viele europäische Gesellschaften in den Faschismus abgekippt sind, das war ja nicht nur die deutsche, war es Franklin D. Roosevelt, der mit seiner Politik des New Deal in den USA das Abkippen in den Faschismus verhindert hat. Wenn du da mal genau hinsiehst, wie er das gemacht hat, das glaubst du kaum. Michael Moore dokumentiert das ganz gut in einem seiner Filme[41]. Als die Unternehmer ihre Schlägertrupps gegen die Streikenden in der Automobilindustrie im Industrial Belt einsetzen wollten, hat er die Nationalgarde hingeschickt und vor den Fabriktoren Maschinengewehre aufstellen lassen, um die Streikenden zu schützen. Die Amerikaner sind in vielem, was sie tun, ein bisschen gröber als wir, auch gesellschaftlich. Übrigens genauso wie die Russen. Das ist bei denen so. Es sind halt beides klassische kontinentale Besiedlungsgebiete. Das ist wohl historisch verankert. Aber um das mal zu verstehen, in welcher Situation wir sind, ist dieser Vergleich der Zusammenbrüche der Finanzsysteme 2008 mit 1929 absolut zentral für viele Dinge. Und zwar sowohl für das, was bei uns in Europa passiert, als auch für das, was in den USA passiert.

Ich habe mehrmals während dieses Vorwahlkampfs gedacht: Scheiße, Scheiße, die haben einen neuen Roosevelt und die lassen den nicht ran! Und wer macht dies? Die US-Demokraten. Nicht die Republikaner, die US-Demokraten! Die wenden plötzlich genau die gleichen Methoden an, die bisher die Republikaner in Wahlen gegen die Demokraten angewendet haben: Wählerunterdrückung, Registrierungsmauscheleien, Wahlmaschinenmanipulation, alles dagewesen.

Hier in Europa hast du das Problem, das alles ganz schnell in den Nationalismus zurück kippt. Das ist in Europa das Riesenproblem. Wir sind ja nicht dieser einheitliche kulturhistorische Raum – die US-Amerikaner haben ja wenigstens noch solch eine Tradition, wie die Roosevelts. Die können sich ja noch darauf berufen. Worauf würdest du dich denn gesamteuropäisch nach 2008 berufen? Gesamteuropäisch meine ich. Das ist ja das Entscheidende. Was verbindet wirklich? Die Leute haben keine konkreten Bezugspunkte zu den Leuten in Griechenland, denen es so dreckig geht aufgrund dieser Politik, die wir gemacht haben. Da ist ja nichts da, außer ein paar politischen Gemeinsamkeiten, die aber abstrakt sind. Kein gemeinsamer Traditionsbestand, aufgrund dessen man sagen könnte, in Deutschland solidarisieren sich nun ganz viele mit denjenigen, die in Griechenland jetzt für diese Austeritätspolitik zahlen müssen. Das ist ein Riesenproblem, diese Abstraktheit der EU. Ein Problem, das aber überwunden werden muss, weil wir keine andere Alternative haben. Ich habe keine Lust, wieder in diesen ganzen europäischen Geschichtstrott hinein zu geraten. Dass alle fünf Jahre irgendwo ein Krieg stattfindet.

Das ist wieder sehr eng bei Varoufakis, der ja auch immer den Vergleich mit Ende 20er, Anfang der 30er Jahre zieht.
Ja, stimmt. Von der strukturellen Entwicklung her ist klar, was da an den Finanzmärkten passiert. Da kannst du ganz viele Ver-

gleiche ziehen. Das hatte jetzt nur etwas andere Ausprägungen, wie beispielsweise die Sub-Prime-Krise. Aber eine der Hauptforderungen von Sanders ist zum Beispiel eine neue Art der Bankentrennung. Zerlegung der großen wirtschaftlichen Machteinheiten der Banken, die ja in den USA eingeführt wurde mit dem New Deal, die allerdings dann wieder zurückgenommen wurde – von Bill Clinton übrigens. So wie wir hier den Finanzsektor mit Schröder und Blair dereguliert haben, hat das parallel Bill Clinton in den USA genauso durchgezogen.

Ich finde, was Varoufakis sagt und wie er das analysiert, das ist schon alles richtig. Da kannst du kaum widersprechen. Aber er hat auch so eine Art, die ist auch schon wieder so… Das ist keiner, der die Menschen anspricht. Er doziert vor den Leuten. Er spricht sie nicht an.

Aber sein länderübergreifender Ansatz ist äußerst symphatisch. Das ist klar. Ich glaube auch, dass es ein Ideal ist, gesamteuropäische Veränderung anzustreben. Dass man länderübergreifend so etwas macht, wie es Varoufakis tut, ist nicht falsch. Aber man sollte nicht vergessen: Wenn du in Deutschland die politischen Verhältnisse, die Machtverhältnisse infrage stellst, wenn du in Deutschland eine tatsächliche Opposition schaffst, dann hast du auch in Europa eine richtige Opposition. Eine starke, wirkmächtige Position in Deutschland, die elektoral erfolgreich ist, sich Gehör verschafft und die auch die notwendigen Forderungen formulieren kann, ist gleichzeitig eine wichtige Opposition gegen den falschen Gesamtkurs in Europa. So eine dominante Stellung, wie sie Deutschland mittlerweile in Europa hat, wäre der erste Hebel. Und jetzt machen wir mal was draus.

Wenn dies elektoral erfolgreich sein soll, dann braucht man eine Organisationsform, die bei Wahlen antreten kann.
Ja, das ist noch der nationale Rahmen.

Das ist dann doch wieder die Crux. Denn du sprichst von einer Bewegung, die entstehen müsste. Gut und schön. Und dann? Das wird noch nicht reichen.
Du hast schon recht. Wer was politisch machen will, muss am Ende wählbar sein.

Tja, wahrscheinlich würde Bertolt Brecht jetzt sagen: „Den Vorhang zu und alle Fragen offen." Vielen Dank für das lange und interessante Gespräch.

ANHANG

Europas politische Revolution

Ein gar nicht so bescheidener Vorschlag

VON ROBERT ZION

> „Man verwirkliche seine europäische
> Republik auch nur einen einzigen
> Tag lang: dies genügte, um sie ewig
> dauern zu lassen, so sehr fände
> jeder aufgrund eigener Erfahrung
> seinen besonderen Nutzen
> im Allgemeinwohl mit enthalten."
>
> Jean-Jacques Rousseau

ZUVOR

Wir, die Bürgerinnen und Bürger Europas, sind der Souverän. Wir sprechen verschiedene Sprachen, mögen je unterschiedliche kulturelle Gewohnheiten und je eigene Blickwinkel auf die europäische Geschichte haben, aber, eine „natürliche" Entwicklung einer Sprachgemeinschaft, einer ethnischen oder sonstigen Gemeinschaft zur Nation, die hat es nie gegeben. Frankreich und England sind aus dem Hundertjährigen Krieg (1337-1453) vielleicht noch als nationale Einheiten hervorgegangen, die meisten anderen europäische Nationen entstanden jedoch im 18. und 19. Jahrhundert. Die europäischen Nationalismen entstanden dabei als Gegenbewegung und Reaktion zur Aufklärung, sie waren also in Bezug zur aufklärerischen Idee der Souveränität des Bürgers immer schon reaktionär.[42] Vor der Aufklärung und der nationalistischen Reaktion bestand Europa bestenfalls aus Dynastien und Stadtstaaten (vereinzelte, aber für unser Europa wieder zu erinnernde Experimente wie das der Niederländischen Republik [1652-1672] einmal ausgenommen).[43]

Auch heute ist die Rückkehr des Nationalismus in Europa wieder reaktionär. Diese Rückkehr ist eine Reaktion auf den Verlust gewohnten gesellschaftlichen Zusammenhalts in der Globalisierung, der als Souveränitätsverlust empfunden wird. Sie ist ein Rückzug in die Schneckenhäuser des 19. Jahrhunderts, die die verloren gegangene Souveränität wieder als Projektion auf die Nation wiederherstellen möchte. Doch die Nation ist ein längst erkaltetes Gehäuse, mögen es die Nationalisten und Populisten noch so sehr mit Fahnen ausschlagen oder unsere Gemüter mit Hass und Ressentiments zu erhitzen versuchen. Aus diesen kalten Gehäusen schmiedet man nur wieder den kalten Stahl der Kanonen. Bei denen, in deren Köpfen die Idee Europas heranwuchs – so bei Rousseau, bei Kant und bei Churchill – war es die Idee vom Frieden, von einem Paix Perpétuelle[44] sogar, einem Ewigen Frieden[45], die Europa als Zähmung der Macht der Fürsten, Könige und Nationen in den Bereich des Denkbaren gerückt hat.

Nach zwei Weltkriegen, die man durchaus auch „europäische Bürgerkriege" hätte nennen können, entstand mit der deutsch-französischen Kohle- und Stahlunion ein institutioneller Zusammenhang, der sich bis zur heutigen Europäischen Union entwickelt hat. Schon wieder der Stahl und schon wieder ein kaltes Gehäuse, das bis heute fast ausschließlich aus Wachstumsraten, Handelsbilanzen, Geldwertstabilitäten, Haushaltssalden und Finanzalgorithmen besteht. Das einstmalig aus der Idee vom Ewigen Frieden heraus gedachte Europa realisierte sich als eine „Europäische Wirtschaftsgemeinschaft" (EWG), das immer eine solche geblieben ist, auch wenn es sich nicht mehr so nennt. Als Europäer dürfen wir „Arbeitnehmer" sein und als solche dürfen wir „Freizügigkeit" genießen, dürfen wir uns woanders „wirtschaftlich niederlassen", ganz so, als wären wir nur Bürger Europas, wie einst jene Handelsbürger der ostindischen Handelskompanien.

Diese fundamentale Fehlkonstruktion verfehlt uns, die Bürgerinnen und Bürger Europas, aber als Souverän. Denn seit der Aufklärung konstituieren wir als der Souverän in Republiken unsere Gemeinwesen und damit unseren gesellschaftlichen Zusammenhang, schließen wir soziale Verträge. Welchen Contract

Social[46], welchen Gesellschaftsvertrag haben wir bisher eigentlich als Bürgerinnen und Bürger über Europa geschlossen? Zuweilen erzählt man uns, Europa bräuchte eine „Wirtschaftsregierung", aber, was eigentlich ist denn dieses Europa anderes als ausschließlich eine solche Wirtschaftsregierung! Noch einmal: welche sozialen Verträge verbinden mich als Bürger Europas mit irgend einem Bürger Schottlands? In Wahrheit ist es nicht ein einziger, es hat nie einen gemeinsamen Konstitutionsprozess des europäischen Souveräns, seiner Bürgerinnen und Bürger gegeben.

Leiten wir ihn also endlich ein.

Die augenblickliche, erbärmliche Verfasstheit Europas entspricht der Abwesenheit einer Verfassung. Verfassungen aber müssen konstituiert werden, es sind Gründungsakte eines zu einem gesellschaftlichen Zusammenhang drängenden Souveräns. Darum wird es ohne eine politische Revolution kein Europa geben und das gegenwärtige Europa in seinem kalten Gehäuse einer Wirtschaftsregierung verdorren. Kehren wir darum noch einmal zu einem Bürger Schottlands zurück. In seiner Schrift Die Idee einer vollkommenen Republik (1752)[47] entwirft der schottische Aufklärer und Philosoph David Hume ein Repräsentationssystem für ein Land, „das auf diese Art in eine Republik verwandelt werden soll." Eine politische Revolution in Europa bestünde heute darin, solch ein Repräsentationssystem zu schaffen, mit dem die – sich hiermit für souverän erklärenden – Bürgerinnen und Bürger Europas einen gemeinsamen Konstitutionsprozess einleiten. Ein solcher verfassungsgebender Prozess könnte über fünf Jahre fortdauern und mit der Deklaration der République Européenne, der Europäischen Republik, ihrer Verfassung und damit des Volonté Générale, des Gemeinwillens ihrer Bürgerinnen und Bürger abgeschlossen werden.

Eine solche Europäische Republik gründen wir nicht wie einen Verein, eine Stiftung oder ein Unternehmen, die Konstitution ist kein Zusammennageln einer Institution, es ist ein revolutionärer Akt. Es ist keine Revolution mit Transparenten und Mistgabeln wohlgemerkt, sondern *A revolution of the mind*[48], eine Revolution des Geistes, eine des Zusammenkommens der Menschen, Worte und Ideen.

KONSTITUTION

Die ersten beiden Jahre konstituiert sich die Struktur des verfassungsgebenden Prozesses, die inhaltliche Entscheidungsbasis sowie die Auswahl der Repräsentanten. Jedes sprachlich homogene Gebiet, keinesfalls mit den Nationen identisch, wird in 100 Verfassungsbezirke mit jeweils gleichem Bevölkerungsanteil eingeteilt. Bei vergleichbar geringerem Bevölkerungsanteil eines Gebietes, verringert sich die Anzahl der Verfassungsbezirke entsprechend. Jeder dieser Verfassungsbezirke wird wiederum in 100 Verfassungsgemeinden eingeteilt. Auch deren Anzahl verringert sich bei vergleichbar geringerem Bevölkerungsanteil eines Gebietes. In den Verfassungsgemeinden treffen sich regelmäßig die Bürgerinnen und Bürger, debattieren und entwerfen gemeinsame Organisations- und Verfassungsvorschläge und wählen jeweils eine Frau und einen Mann als ihre beiden Gemeinderepräsentanten sowie alle Verfassungsgemeinden eines Verfassungsbezirkes jeweils eine

Frau und einen Mann als ihre beiden Bezirksrepräsentanten. Die Wahl der Gemeinde- sowie Bezirksrepräsentanten erfolgt nach Ablauf des ersten Debattenjahres mit inhaltlich gebundenen – imperativen – Mandat.

Ab dem dritten Jahr versammeln sich die Bezirksrepräsentanten und wählen aus ihren eigenen Reihen 1/10 ihrer Mitglieder Geschlechter paritätisch als Verfassungsmagistrate sowie jeweils eine Frau und einen Mann als Verfassungssenatoren. Hieraus bildet sich ein Verfassungsmagistrat, der fortan den Verfassungsprozess inhaltlich – im Sinne einer Legislative – koordiniert sowie ein Verfassungssenat, der fortan den Verfassungsprozess organisatorisch – im Sinne einer Exekutive – koordiniert. Das Verhältnis von Verfassungssenatoren zu Verfassungsmagistraten zu Bezirksrepräsentanten soll in etwa 1 zu 10 zu 100 betragen. Alle Verfassungssenatoren haben zugleich den Rang von Verfassungsmagistraten, alle Verfassungsmagistrate zugleich den Rang von Bezirksrepräsentanten.

Zu diesem Zeitpunkt – idealer Weise zur zweiten Jahreshälfte des dritten Jahres – ist die Repräsentationsstruktur konstituiert und liegen alle Vorschläge zur Verfassung aus den Verfassungsgemeinden Europas vor.

DURCHFÜHRUNG

Die Vorschläge werden nun vom Verfassungssenat sowie vom Verfassungsmagistrat in die Sprachen Europas übersetzt sowie in einem über Alternativen abstimmungsfähigen Rohentwurf gebündelt, um diesen abschließend in die Verfassungsgemeinden zur Entscheidungsfindung zurückzuverweisen. Die Erstellung des Rohentwurfs soll wie folgt organisiert werden: Die Vorschläge werden im Verfassungssenat debattiert und beschlossen. Strittige Vorschläge werden bei einem Votum von mindestens 1/10 der Senatoren in den Verfassungsmagistrat überwiesen. Dem Verfassungsmagistrat steht es frei, diese Vorschläge wiederum mit einfacher Mehrheit in die Verfassungsgemeinden zu verweisen. Die Erstellung des Rohentwurfs soll nicht länger als ein halbes Jahr in Anspruch nehmen.

Mit Beginn des vierten Jahres debattieren die Verfassungsgemeinden den zurückverwiesenen Rohentwurf und statten ihre Gemeinderepräsentanten sowie ihre Bezirksrepräsentanten innerhalb eines Jahres mit entsprechen imperativen Mandaten aus. Nach Ablauf des zwölften Monats treffen sich Gemeinderepräsentanten, Bezirksrepräsentanten, Verfassungsmagistrate sowie Verfassungssenatoren zur nun endgültigen verfassungsgebenden Versammlung über zwölf Monate, debattieren die nun vorliegenden Vorschläge und beschließen sowie deklarieren am Ende die Verfassung der europäischen Republik. Ein während der verfassungsgebenden Versammlung zu wählendes Exekutivkomitee legt den nationalen und europäischen Institutionen sowie der europäischen Öffentlichkeit die Verfassung der Bürgerinnen und Bürger Europas vor und schlägt den nationalen Parlamenten sowie dem europäischen Parlament zugleich vor, ihre bisherigen Verfassungs- und Gesetzesgrundlagen per Abstimmung mit der Verfassung der europäischen Republik zu harmonisieren.

Die politische Revolution der Bürgerinnen und Bürger Europas hat so die Republik Europa konstituiert.

REGELN

Der Verfassungssenat debattiert und beschließt ab dem dritten Jahr als temporäre Verfassungsregierung unter Berücksichtigung der Ergebnisse der Konstitutionsphase alle organisatorischen Regeln des Verfassungsprozesses (Quoren, Voten, Vorschlagsrechte, Repräsentantenauswahl und -abwahlverfahren, Vetos etc.). Subjekt des Verfassungsprozesses sind alle Bürgerinnen und Bürger Europas ab dem 16. Lebensjahr, die innerhalb seiner geografischen Grenzen leben und die sich als solche in einem Souveränitätsakt erklären, d. h. Mandatierungen oder Entsendungen aus bereits bestehenden nationalen politischen oder gesellschaftlichen Institutionen sind nicht zulässig. Vertretern solcher Institutionen kann aber ein Beobachterstatus sowie die Möglichkeit zur Stellungnahme im Verfassungsmagistrat eingeräumt werden. Alle Repräsentationsfunktionen werden mit mindestens zwei Personen Geschlechter paritätisch besetzt. Alle Versammlungen des Verfassungsprozesses sind prinzipiell öffentlich. Der Ausschluss der Öffentlichkeit ist nur für einzelne Sitzungen oder Versammlungen zulässig und bedarf einer 2/3-Mehrheit in den jeweiligen Organen.

FRAGEN

Werden wir diese fünf Jahre jemals erleben? Die Debatten darüber haben längst begonnen. Sowohl Vorschläge für einen Neustart Europas als auch die Schaffung einer gemeinsamen republikanischen Basis stehen bereits im Raum.[49] Es ist nun Aufgabe aller Europäerinnen und Europäer eine politische Debatte in der europäischen Öffentlichkeit zu initiieren und diese in den Souveränitätsakt der Konstitutionsphase zu überführen. Dieser gar nicht so bescheidene Vorschlag wird dabei nicht der einzige bleiben.

Wird sich Europas Landkarte verändern? Sie wird sich verändern, so wie sie sich immer verändert hat. Sie wird sich dieses eine Mal nur nicht mehr durch kalten Stahl, sondern in einer friedlichen Revolution des Zusammenfindens der Menschen, Worte und Ideen verändern.

Wird unsere Demokratie gefährdet? Sie wird überhaupt erst ermöglicht, da die Bürgerinnen und Bürger Europas ihren Gemeinwillen formulieren und so erstmals auf dem Kontinent eine gemeinsame republikanische Basis für eine Demokratie schaffen. Es ist zu erwarten, dass das Zusammenfinden der Menschen Europas das allen gemeinsame kulturelle und politische Erbe nicht schwächt, sondern sogar stärkt und erneuert: Gewaltenteilung, Öffentlichkeit, Bürger- und Menschenrechte, Minderheitenschutz, Religionsfreiheit. Und schlussendlich: Demokratie.

Wird eine solche Verfassung der europäischen Republik bindenden Charakter haben? Hatte die Erklärung der Bill of Rights nach der englischen Revolution bindenden Charakter für die zuvor bestehende Rechtsordnung, hatte die Erklärung der allgemeinen Menschenrechte nach der französischen Revolution einen solchen? Sie vergessen, meine Damen und Herren, dass es ohne Revolution keine Konstitution geben kann. Sie vergessen, dass wir das bisherige Zusammenwachsen Europas jetzt als zivilisatorischen Stand halten, aber nun auch fortentwickeln

müssen, damit die Reaktion und der Rückschritt uns nun nicht
wieder alles durch die Finger rinnen lässt, und sie vergessen,
dass dieser zivilisatorische Stand es uns zum allerersten Mal
überhaupt – und noch – erlaubt, eine friedliche Revolution zu
gestalten.

ANMERKUNGEN

[1] Dieses erste Kapitel erschien als Zusammenfassung in leicht gekürzter sowie bearbeiterer Form am 05.10.2016 in der Druckausgabe der *taz* (Nr. 11139, 40. Woche, 38 Jahrgang, Seite 4) unter dem Titel „Die Grünen verwalten nur noch das Bestehende". Wir haben versucht, etwaige Redundanzen in den nachfolgenden Kapiteln zu vermeiden, was allerdings nicht immer gelingen konnte. Das bitten wir zu entschuldigen.

[2] Über die Methoden der Wählerunterdrückung in den USA, vgl.: Greg Palast: Gern geschehen, Mr. President! Wie man die US-Wahl manipuliert in 10 einfachen Schritten, Berlin (Haffmans & Tolkemitt) 2016.

[3] The Young Turks (TYT) ist ein u.a. von Cenk Uygur moderierter US-amerikanischer Internetsender innerhalb des gleichnameigen alternativen Mediennetzwerkes mit knapp 2 Millionen Subscribern, ca 1,4 Millionen Views pro Tag und mittlerweile über 2 Milliarden Views insgesamt. Vgl.: https://tytnetwork.com/

[4] Vgl.: Karl-Hermann Flach: Noch eine Chance für die Liberalen. Eine Streitschrift, Frankfurt/M (S. Fischer) 1971, sowie: Robert Zion: Noch eine Chance für die Grünen. Eine Streitschrift, Herbst 2013, http://robertzion.de/wp-content/uploads/2014/05/NOCH-EINE-CHANCE-FUER-DIE-GRUENEN.pdf (zuletzt abgerufen am 21.03.2017).

[5] Vgl.: Robert Michels: Soziologie des Parteiwesens in der modernen

Demokratie. Untersuchungen über die oligarchischen Tendenzen des Gruppenlebens, Stuttgart (Kröner) 1989.

[6] So auch die Parteienforschung: „Seitdem sich die Kernmilieus aufgelöst haben, seitdem die früheren Basisaktivisten ihre Kampagnenkraft verloren haben, seither sind die Grünen noch stärker Honoratiorenpartei, ja vor allem Fraktionspartei geworden". In: Franz Walter: Grüne im Klimawandel, in: ders.: Baustelle Deutschland. Politik ohne Lagerbindung, Frankfurt/M (Suhrkamp) 2008, S. 182-204, hier: S. 190.

[7] Als „Missverständnis" wurde Robert Zions Mitgliedschaft bei den Grünen von einigen aus dem Realo-Flügel intern bezeichnet, nachdem er seinen Austritt bekannt gegeben hatte.

[8] Vgl.: Petra K. Kelly: Zuallererst sind wir menschlich gescheitert. Offener Brief an die grüne Partei, Februar 1991, in: dies.: Lebe, als müßtest Du heute sterben. Texte und Interviews, Düsseldorf (Zebulon) 1997, S. 61-68, hier: S. 63.

[9] Vgl.: Michael Hardt/Antonio Negri: Empire – die neue Weltordnung, Frankfurt/M (Campus) 2002, sowie: Michael Hardt/Antonio Negri: Multitude – Krieg und Demokratie im Empire, Frankfurt/M (Campus) 2004.

[10] „Multitude" ist ein aus dem Lateinischen („multitudo") abgeleiteter Begriff, der in den Debatten der Frühaufklärung als Gegensatz zum „Volk" (lat.: „natio") stand. Insbesondere Hardt/Negri greifen die „Multitude" („Menge", „Menge der Vielen") im Anschluss an Baruch Spinoza – und gegen Thomas Hobbes' „natio" – auf, um damit ein neues emanzipatorisches politisches Subjekt in der Globalisierung jenseits des „Vol-

kes" zu umschreiben. Vgl.: Michael Hardt/Antonio Negri: Empire – die neue Weltordnung, a. a. O., S. 116.

[11] Vgl.: Die Firma, in: *Der Spiegel*, Druckausgabe 17/2016.

[12] Die DDP (Deutsche Demokratische Partei) galt in der Weimarer Republik, in der sie zur „Weimarer Koalition" gehörte, lange Zeit als Vertreterin des linksliberalen Bürgertums, bevor sie nach einem von ihren Honoratioren vorangetriebenen Rechtsschwenk gegen Ende der Weimarer Republik als „Deutsche Staatspartei" in der Bedeutungslosigkeit verschwand. Vgl.: Werner Stephan: Aufstieg und Verfall des Linksliberalismus, 1918-1933. Geschichte der Deutschen Demokratischen Partei, Göttingen (Vandenhoeck & Ruprecht) 1973.

[13] Friedrich Naumann (1860-1919), der erste Vorsitzende der DDP, schrieb in seiner Schrift „Neudeutsche Wirtschaftspolitik" von 1902: „Der Liberalismus muss um seiner eigenen Selbsterhaltung willen für die Industrieverfassung sein, für freie Koalition, für Tarifverträge, für Arbeiterschutz, für alles, was den Wert der einzelnen Person in der Menge der Angestellten und Arbeiter erhöht. Tut er das nicht, dann begräbt er seine eigene urälteste Idee, dann begräbt er sich selber". In: Friedrich Naumann, Werke. Dritter Band: Schriften zur Wirtschafts- und Gesellschaftspolitik, Köln/Opladen (Westdeutscher Verlag) 1964, S. 529.

[14] Umfangreiche Reflexionen auf die Verschwörung finden sich beispielsweise in Machiavellis Hauptwerk über die Republik. Vgl.: Niccolò Machiavelli: Discorsi. Gedanken über Politik und Staatsführung, Drittes Buch, 6. Kapitel, Stuttgart (Kröner) 2007. In Spinozas politischer Theorie von 1677 zerstört die Verschwörung gar die Legitimation des Staates ge-

genüber dem demokratischen Souverän, der „Macht der Menge" („potentia multitudinis"). Vgl.: Baruch Spinoza, Abhandlung vom Staate, 3. Kapitel, § 9, in: ders.: Abhandlung über die Verbesserung des Verstandes/Abhandlung vom Staate, Hamburg (Meiner) 1977. Bei der Frage der „Verschwörung" wie auch bei der nach der Oligarchie, geht es in modernen Republiken und Demokratien tatsächlich nicht um eine vermeintliche „Wirklichkeit hinter der Wirklichkeit", sondern um die Legitimierung von Macht, um Recht oder Unrecht und „Publizität", wie es Kant 1795 im „Ewigen Frieden" mit seiner „transzendentalen Formel des öffentlich Rechts" zum Ausdruck gebarcht hat: „Alle auf das Recht anderer Menschen bezogene Handlungen, deren Maxime sich nicht mit der Publizität verträgt, sind unrecht". Immanuel Kant: Zum ewigen Frieden. Ein philosophischer Entwurf, Anhang II, Einhelligkeit von Politik und Moral, in: ders.: Kleinere Schriften zur Geschichtsphilosophie, Ethik und Politik, Hamburg (Meiner) 1913, hier: S. 163.

[15] Fukuyamas These vom „Ende der Geschichte" von 1992 in der Nachfolge von Irving Kristol bildete das ideologische Fundament für die Politik der US-Neokonservativen und ihrer liberalen Sidekicks. Vgl.: Francis Fukuyama: Das Ende der Geschichte. Wo stehen wir?, München (Kindler) 1992.

[16] Vgl. zu Chomskys berühmt gewordener Untersuchung über die „Fabrikation des Konsenses": Edward S. Herman/Noam Chomsky: Manifacturing Consent. The Political Economy Of The Mass Media, London (Random House) 1994.

[17] Der erste umfassende Entwurf vom „ewigen Frieden" wurde 1713 vom Frühaufklärer Castel de Saint-Pierre veröffentlicht. Vgl.: Abbé Castel de Saint-Pierre: Der Traktat vom ewigen Frieden, Berlin (Reimar Hob-

bing) 1922. Später griffen Jean-Jacques Rousseau und Immanuel Kant dieses Konzept auf. Rousseau verband es 1761 mit der Gründung einer „europäischen Republik". Vgl. zur europäischen Republik: Jean-Jacques Rousseau: Friedensschriften, Hamburg (Meiner) 2009; Ulrike Guérot: Warum Europa eine Republik werden muss! Eine politische Utopie, Bonn (Dietz) 2016.

[18] Foucaults Deutung der „Sozialen Marktwirtschaft" und der historischen Legitimation der Bundesrepublik findet sich in: Michel Foucault: Geschichte der Gouvernementalität II: Die Geburt der Biopolitik. Vorlesungen am Collège de France 1978-1979, Frankfurt/M (Suhrkamp) 2004, S. 112-147.

[19] Vgl.: „Ich bete jeden Tag für Angela Merkel". Winfried Kretschmann im Interview. In: *Der Tagesspiegel*, 01.02.2016, http://www.tagesspiegel.de/politik/winfried-kretschmann-im-interview-ich-bete-jeden-tag-fuer-angela-merkel/12900668.html (zuletzt abgerufen am 21.03.2017).

[20] Vgl.: Robert Habeck: Patriotismus: Ein linkes Plädoyer, Gütersloh (Gütersloher Verlagshaus) 2010.

[21] Nachdem sich unter anderem auch die Natur- und Heimatschutzbewegten im Herbst 1913 auf dem Hohen Meißner bei Kassel zum „Ersten Freideutschen Jugendtag" getroffen hatten, wurde die in der Festschrift veröffentliche „Feuerrede" „Mensch und Erde" des Philosophen Ludwig Klages zu einer Art Urmanifest dieser Ökologiebewegung. Bei Klages, der sich als „Lebensforscher" verstand, ist sowohl eine scharfe Technologie- und Zivilisationskritik wie auch die Tendenz zum Völkisch-Regressiven und zum Antisemitismus vorhanden. Vgl.: Ludwig Klages:

Mensch und Erde – ein Denkanstoß, Berlin (Matthes & Seitz) 2013.

[22] Vgl.: Jörg Michel: Vor der Bewährungsprobe, in: *Berliner Zeitung*, 23.11.2007, http://www.gruenes-bge.de/downloads/Berliner-Zeitung_23_11_07.pdf (zuletzt abgerufen am 21.03.2017).

[23] Vgl: Pascal Beucker: Widerstand im System Fischer, in: taz, 19.10.2007, http://www.taz.de/!5193190/ (zuletzt abgerufen am 21.03.2017).

[24] Vgl.: „Wenn mei Onkel kei Schwänzle hätt". *taz*-Streitgespräch zwischen Kretschmann und Ludger Volmer, 1992, in: taz, 04.04.2016, http://www.taz.de/!5291682/ (zuletzt abgerufen am 21.03.2017).

[25] Vgl.: Joschka Fischer: Regieren geht über Studieren. Ein politisches Tagebuch, Königstein im Taunus (Athenaeum) 1988.

[26] So wurde 2016 im grün-schwarzen Koalitionsvertrag von Baden-Württemberg tatsächlich vereinbart: „Die Werteordnung des Grundgesetzes, die auch auf unseren christlich-judischen Wurzeln beruht, ist das gemeinsame Fundament, das alle Menschen verbindet". Das nach wie vor maßgebende Standardwerk Poliakovs über den Antisemitismus erzählt aber über diese vermeintlich verbindenden „chstistlich-jüdischen Wurzeln" eine ganz andere Geschichte, die einer über Jahrhunderte fortgesetzten christlichen Judenverfolgung. Vgl.: Léon Poliakov: Geschichte des Antisemitismus in 8 Bänden, Worms (Heintz) 1977-1988.

[27] Vgl. hierzu: Schmiergeld von Siemens: Nigeria untersucht deutsche Korruption, in: *taz*, 22.11.2007, http://www.taz.de/!5191270/ (zuletzt abgerufen am 21.03.2017). Die *taz* berichtete immer wieder über Korrup-

tionsvorwürfe im Zusammenhang mit Siemens' Auslandsgeschäften, u.a. in Brasilien, Griechenland und Israel.

[28] Vgl.: Thomas Frank: Listen, Liberal – Or What Ever Happened To The Party Of The People?, New York (Metropolitan) 2016.

[29] Das Schröder/Blair-Papier von 1999 findet sich unter: http://www.albanknecht.de/materialien/Schroeder-Blair-Paper.pdf (zuletzt abgerufen am 21.03.2017).

[30] „Meritokratie" bezeichnet in der Regel die Herrschaft von Eliten, die diese aufgrund von Leistung, Kompetenzen, besonderer Verdienste, und formeller Ausbildungen ausüben. Der Begriff wurde durch das Buch des britischen Soziologen Michael Young von 1958 „The Rise of Meritocracy" geprägt und beeinflusste – obwohl es eigentlich als Satire gedacht war – die Konzepte von New Labour. Vgl.: Michael Young: Es lebe die Ungleichheit. Auf dem Wege zur Meritokratie, Düsseldorf (Econ) 1961. Für die deutsche Sozialdemokratie stellte der Parteienforscher Franz Walter die „Transformation der sozialen Demokratie von der kollektiven Emanzipation zur individuellen Meritokratie" fest. Vgl.: Franz Walter/Stine Marg: Von der Emanzipation zur Meritokratie, Göttingen (Vandenhoeck & Ruprecht) 2012. Einen Wandel zur „Meritocracy" attestiert Thomas Frank auch den US-Demokraten: Vgl.: Thomas Frank: Listen, Liberal, a. a. O., S. 30-43.

[31] Vgl.: Max Weber: Die protestantische Ethik und der Geist der Kapitalismus, Köln (Anaconda) 2009.

[32] Vgl.: Christian Y. Schmidt: Wir sind die Wahnsinnigen. Joschka Fi-

scher und seine Frankfurter Gang, Berlin (Verbrecher) 2013.

[33] Tatsächlich ist es derzeit vor allem Brzezinski, der den Niedergang der globalen Dominanz der USA und die daraus folgenden geopolitischen Implikationen analysiert. Vgl.: Zbigniew Brzezinski: Strategic Vision. America And The Crisis Of Global Power, New York (Basic Books) 2012, sowie: Zbigniew Brzezinski: Toward a Global Realignment, in: The American Interest, 17.04.2016, http://www.the-american-interest.com/2016/04/17/toward-a-global-realignment/ (zuletzt abgerufen am 21.03.2017).

[34] Vgl.: Petra K. Kelly: Das System ist bankrott – die neue Kraft muss her, in: Petra K. Kelly/Jo Leinen (Hg.): Prinzip Leben. Ökopax – die neue Kraft, Berlin (Olle & Wolter) 1982, S. 124-139, hier: S. 126.

[35] Die in das Europawahlprogramm der Grünen von 2014 übernommene Formulierung lautete schließlich: „Auch die NATO wollen wir so reformieren, dass sie in eine multilaterale Sicherheitsarchitektur integriert werden kann", Vgl.: https://www.gruene.de/fileadmin/user_upload/Dokumente/Gruenes-Europawahlprogramm-2014.pdf (zuletzt abgerufen am 21.03.2017).

[36] „Tschusch" ist ein aus dem österreichischen Deutsch stammendes abwertendes, umgangssprachliches Wort für Menschen slawischer, südosteuropäischer oder orientalischer Herkunft. Auch in der deutschen Kolonialgeschichte wurde dieses Wort abwertend verwendet. Vgl.: Robert Sedlaczek: „Tschusch!" im Wandel der Zeit, in: *Wiener Zeitung*, , 15.02.2006, http://www.wienerzeitung.at/meinungen/glossen/288479_Tschusch-im-Wandel-der-Zeit.html (zuletzt abgerufen am 30.09.2016).

[37] Der Begriff des „Dezisionismus" wurde im Wesentlichen von Carl Schmitt in die neuere Staatstheorie eingeführt. Er beschreibt den Vorrang der Entscheidung (und der Entscheider) vor ethischen oder logischen Begründungen politischer Handlungen. Vgl.: Carl Schmitt: Politische Theologie: Vier Kapitel zur Lehre von der Souveränität, München/Leipzig (Duncker & Humblot) 1922.

[38] Ein Auszug aus diesen Berichten über die Vorwahlen der US-Demokraten mit 31 Einträgen über 3 Monate findet sich hier: http://robert-zion.de/robert-zion-erklaert-claus-kleber-us-demokratie/ (zuletzt abgerufen am 21.03.2017).

[39] Ein „Augur" war ein römischer Beamter, der aus dem Ruf oder dem Flug der Vögel den Götterwillen bei geplanten Vorhaben herauslas. Entsprechende Darstellungen finden sich u.a. bei Cicero.

[40] Vgl.: Matt Taibbi: Obama's Big Sellout: The President has Packed His Economic Team with Wall Street Insiders, in: *Rolling Stone*, 13.12.2009, http://www.commondreams.org/news/2009/12/13/obamas-big-sellout-president-has-packed-his-economic-team-wall-street-insiders (zuletzt abgerufen am 21.03.2017), sowie: Thomas Frank, a. a. O., S. 198-200.

[41] Vgl.: Kapitalismus: Eine Liebesgeschichte, USA (Overture Films/Paramount Vantage/The Weinstein Company/Dog Eat Dog Films) 2009, Produktion/Drehbuch/Regie: Michael Moore.

[42] Vgl.: William Pfaff: The Wrath Of Nations [1993], dt.: Die Furien des Nationalismus. Politik und Kultur am Ende des 20. Jahrhunderts, Frankfurt/M (Eichborn) 1994.

[43] Vgl.: Jonathan I. Israel: The Dutch Republic: Its Rise, Greatness and Fall, 1477-1806, Oxford (Oxford University Press) 1995.

[44] Vgl.: Jean-Jacques Rousseau: Extrait du Projet De Paix Perpétuelle De Monsieur l'Abbé De Saint-Pierre Par J.J. Rousseau/Jugement Sur La Paix Perpétuelle [1761/1782], dt.: Auszug aus dem Entwurf eines fortdauernden Friedens des Herrn Abbé de Saint-Pierre/Beurteilung des Entwurfs eines fortdauernden Friedens, in: Rousseau, Jean-Jacques: Friedensschriften, a.a.O., S. 2-108.

[45] Vgl.: Immanuel Kant: Zum ewigen Frieden. Ein philosophischer Entwurf [1795], a.a.O., S. 115-170.

[46] Vgl.: Jean-Jacques Rousseau: du Contract Social Ou Principes du Droit Politique [1762], dt.: Vom Gesellschaftsvertrag oder Grundsätze des Staatsrechts, Stuttgart (Reclam) 1977.

[47] Vgl.: David Hume: Idea Of A Perfect Commonwealth [1752], dt.: Die Idee einer vollkommenen Republik, in: Hume, David: Politische und ökonomische Essays, Teilband 2, Hamburg (Meiner) 1988, S. 339-357.

[47] Vgl.: Jonathan I. Israel: A Revolution of the Mind: Radical Enlightenment and the Intellectual Origins of Modern Democracy, Princeton (University Press Group Ltd.) 2009.

[48] Vgl.: Ulrike Guérot: Warum Europa eine Republik werden muss!, a.a.O.

ÜBER DIE GESPRÄCHSPARTNER

ROBERT ZION wurde 1966 in Kassel geboren. Nach dem Hauptschulabschluss und einer Ausbildung zum Koch kam er über den zweiten Bildungsweg an die Universität-Gesamthochschule Kassel, an der er Sozialpädagogik, Erziehungswissenschaften, Philosophie und Soziologie studierte. Danach arbeitete der Diplom-Sozialpädagoge in der Erwachsenenbildung, der Kulturförderung, als Kinoleiter, wissenschaftlicher Mitarbeiter im Landtag, Publizist und Politiker. Zahlreiche Veröffentlichungen über Film, Philosophie, Gesellschaft und Politik in verschiedenen Zeitungen und Zeitschriften. Nach seinem Eintritt in die Grünen 2003 war er in verschiedenen Funktionen in der Partei aktiv, unter anderem in deren Landesvorstand in Nordrhein-Westfalen. 2015 bezeichnete ihn der *Spiegel* als „Partei-Vordenker". Im Oktober 2016 trat er aus den Grünen aus.

PASCAL BEUCKER wurde 1966 in Düsseldorf geboren. Er studierte Politikwissenschaften an der Universität-Gesamthochschule Duisburg und arbeitet seit 1999 für die Berliner *tageszeitung*, zunächst als Korrespondent in Nordrhein-Westfalen, dann ab 2014 als Redakteur im Inlandsressort. Darüber hinaus ist er als Autor unter anderem für die Wochenzeitung *Jungle World* tätig und veröffentlichte mehrere Bücher. Beucker ist parteilos. Allerdings hat auch er eine grüne Vergangenheit, die jedoch schon länger zurückliegt: von 1982 bis 1990 gehörte er der Partei an.

Schriften zur Kultur, Gesellschaft und Politik

Band 1

ROBERT ZION

DER VERLETZLICHE BLICK

REGIE: DARIO ARGENTO

365 Seiten, 104 farbige Abbildungen.

Ob es die „deutsch-italienische Blutader im Kino" (Dominik Graf) ist oder jener „eisige Modernismus, perfektioniert mit der Präzision eines Mondrian-Gemäldes, der durch überraschend-bestürzende rote Schnitte unterbrochen wird, die diese Komposition zerreißen und neu organisieren" (Patricia Moir) – im Kino DARIO ARGENTOS ist alles – der Blick, der Raum, die Bewegung, der Rhythmus und der Tod – auf eine skandalöse Weise verführerisch. Robert Zion erinnert daher nun mit Argento noch einmal an das Kino als Kunstform des vergangenen Jahrhunderts, bevor wir dessen Geschichte endgültig zu den Akten legen.

Herstellung & Verlag: BoD – Books on Demand, Norderstedt

Pascal Beucker • Frank Überall
ENDSTATION
RÜCKTRITT!?
Warum deutsche Politiker einpacken
AKTUALISIERTE NEUAUSGABE
BOUVIER

Knaur.
Pascal Beucker
Anja Krüger
DIE VERLOGENE
POLITIK
Macht um jeden Preis